香港の民主化運動と信教の自由

松谷曄介［編訳］
Matsutani, Yosuke

教文館

推薦のことば

平野克己

香港は小さな街です。面積は東京都の半分。中国本土と比べるなら、1万分の1にしかなりません。そこに約７５０万人の人々が暮らしています。

その街が、２０１９年春以来、あっというまに暴力の街へと変貌してしまいました。この本を手にとったあなたは、きっとその様子をニュースやＹｏｕＴｕｂｅ、ＳＮＳを通して、心を痛めながら目撃したことでしょう。そしてその暴力は、国家権力による自由の弾圧というしかたで今なお続いています。

本書には、驚くべきスピードで状況が変化していった香港にあり、苦闘し続けているキリスト者たちの文章が集められています。

この本は極めて特殊で、特別な本です。そもそも香港人の文章が翻訳され、一冊にまとめられたというだけでも希有なことです。さらに、文章を記した人々の大部分は、この数年の間に、生活上の大きな変化を強いられた人たちです。執筆者のある人は逮捕され、拘置所暮らしを余儀なくされたのちに、それまでの職を失いました。ある人は、香港から国外へ逃れざるをえませんでした。さらに、中国本土にあって収監された牧師の証言も収められています。

『香港の民主化運動と信教の自由』という少し硬質な書名です。しかし、ここにあるのは、抽象的な言葉を羅列した論文集ではありません。どの言葉も、執筆者たちがいのちを注いで発言した、魂の記録です。

この本は、《香港の民主化運動下のキリスト教》に焦点が絞られています。

もしもあなたが《香港の民主化運動》に関心があるなら、そこで《キリスト教》がどのような精神的な役割を果たしているかを知ることができるでしょう。

聖書は、神は人間を自由な存在として創造したと語ります。神にとって、人間から自由を奪うことは、心臓を取り去るに等しいのです。しかも、神が与えた自由は恐ろしいほどの自由。神の子、イエス・キリストを殺すことを選ぶことができるほどの自由でした。それでも神は、イエス・キリストを復活させ、この自由を愛のために用いるようにと、人間を招いてくださいます。

神は呼びかけます。

「私は今日、天と地をあなたがたに対する証人として呼び出し、命と死、祝福と呪いをあなたの前に置く。あなたは命を選びなさい。そうすれば、あなたもあなたの子孫も生きる」（申命記第30章19節、聖書協会共同訳）。

この世のいかなる権威であっても、神に従う自由を人間から奪い去ることはできません。その確信の中から、死ではなく命を、災いではなく幸いを選ぶ人生、柔らかで強く、しなやかでしたたかに生きる人生、絶望的な状況にあってもなお希望に生きる人生が、あらゆる時代に、世界のあらゆる地域で生み出されてきました。それはイエス・キリストのみに従いたいと願いながら歩む、強靭な人生です。

身の安全を賭しても発言を続けるキリスト者たちの目に、現在の香港がどのように映っているか、ここにその貴重な記録があります。

もしもあなたがキリスト者であるなら、《香港の民主化運動下》で苦闘している《キリスト者》たちの声に、なぜいま耳を傾ける必要があるのかを知ることができるでしょう。そして、これらの証言は、香港にだけ特別なことではなく、私たち日本にあっても、私たちキリスト者が語り継ぐ言葉であることを。

グローバリズムという経済用語がもてはやされるようになるよりもずっと前から、教会は「エキュメニズム」

という言葉を知っていました。それは、「家」という文字を含んだ言葉。「世界」を指差す言葉です。キリスト者として生きるとは、壁や国境によって閉ざされた小さな家ではなく、この世界全体を覆う大きな家に生きることなのです。

伝道者パウロは地中海世界を駆けめぐりました。それはローマ社会の中にあって、神の国の香りがする共同体を各地に築くためでした。「教会」という名をもつコロニーです。パウロは世界に横たわるあらゆる境界線を幾度も踏み超え、分断されたこの世界に国際的な絆を結び続けたのです。

このパウロの歩みに多くの宣教師たちが続き、日本にも教会が生まれました。

パウロは語ります。

「あなたがたは皆、真実によって、キリスト・イエスにあって神の子なのです。キリストにあずかる洗礼を受けたあなたがたは皆、キリストを着たのです。ユダヤ人もギリシア人もありません。奴隷も自由人もありません。男も女もありません。あなたがたは皆、キリスト・イエスにおいて一つだからです」（ガラテヤの信徒への手紙第3章26節以下）。

教会は、民族・言語・文化、あるいは社会的身分やジェンダーによって分断された世界のただ中で、キリストに従いつつ、新しい生き方を始める共同体です。教会とは、あなたが礼拝に集う、小さな共同体のことだけではありません。世界に広がる、信仰の仲間たちのことなのです。

この本には、あなたの信仰の仲間たちの嘆きと祈り、そのただ中にある希望を証言する信仰の言葉があふれています。一人一人の証言から、あなたも私も、イエス・キリストからの問いかけを聞くことになるでしょう。そして、なぜイエスが、この世にあって「地の塩」・「世の光」として生きることと「迫害」とをひと息で語られたのか、ということも（マタイによる福音書第5章10節以下）。信仰とは心の内側のことではなく、イエス・キリストを知らなければ始めることもなかった新しい旅に出かけることです。信仰とは、具体的な行く先を知らされない旅に、イエス・キリストと共に出発することです。「み国が来ますように」と、神の国を呼び続けながら。

編訳者・松谷曄介さんが、特別な賜物を生かして、広東語と北京語による数々の文章を読み、いま私たちに必要な文章を選び出し、翻訳してくれました。実に忙しい日々の中――しかも新型コロナウイルス感染症の拡大という困難な状況の中――、驚くべき情熱を注いでくれました。その労苦に心より感謝しています。

この本から、新しい何かが、この日本でも起こっていくことでしょう。きっと、この本を読むあなたをも巻き込みながら。これほど崩れてしまった世界です。必ず、神が、私たちをも用いて、新しい何かを始めてくださらなければなりません。この世界は、神の善き手の中にあるのですから。

（日本基督教団代田教会牧師）

目　次

推薦のことば……………………………………平野克己… 3

序章　国家安全維持法下で揺れる香港のキリスト教……………松谷曄介… 11

第1章　「香港牧師ネットワーク」と「香港２０２０福音宣言」…… 35

はじめに……………………………………… 36

「香港２０２０福音宣言」…………………… 40

付属文書

1　「神の国」の福音(1)——個人の魂の救いだけでよいのか…… 45

2　「神の国」の福音(2)——その社会・政治との関係……………… 47

3　政教分離とは何か …… 49

4　政治権力に対する服従と抵抗 …… 52

深淵から呼び求める七日間の祈り …… 59

「逃亡犯条例」改正反対運動から「香港牧師ネットワーク」結成まで …… 70

「香港２０２０福音宣言」を読む …… 朝岡　勝 83

第２章　香港国家安全維持法と信教の自由 …… 89

香港の政治と信教の自由 …… 倉田　徹 90

政治問題に直面する香港教会 …… 袁　天佑 96

「国家安全維持法」の暗雲下における香港教会 …… 邢　福増 103

第３章　香港民主化運動におけるキリスト者の声 …… 111

信仰と民主の夢 …… 戴　耀廷 112

鐘を鳴らす者の言 …… 朱　耀明 127

バチカンにより破滅の道へ追いやられた中国カトリック教会 …… 陳　日君 149

第4章　中国大陸の信教の自由 ……161

キリスト信仰のための声明……王怡ほか、牧者署名……162
私の声明——信仰的不服従……王　怡……168
暗闇の時代に命がけで道を証しする伝道者・王怡牧師……邢　福増……176
編訳者あとがき……松谷曄介……185

装丁　桂川　潤

凡例

1、編訳者が執筆担当した序章、および朝岡勝氏と倉田徹氏の執筆箇所以外は、すべて編訳者による中国語原文からの訳出である。

2、訳出した文書の注は、原則として編訳者注である。聖書引用文は、原文に聖書箇所が明記されているものとそうではないものとがあるが、編訳者が適宜判断し、該当聖書箇所の日本語訳を注に付記した。

3、聖書引用文の日本語訳は、主として日本聖書協会の『聖書　新共同訳』を用い、他の翻訳を用いる際にはその都度、訳版を付記した。

4、各章・節の初出のみ人名には平仮名でルビを付し、香港の地名には必要に応じて片仮名でルビを付した。

序章　国家安全維持法下で揺れる香港のキリスト教

松谷曄介

自由都市・香港の危機

香港国家安全維持法（以下、国安法）が施行されてから半年しか経っていないが（２０２０年12月30日現在）、この間だけでも香港をめぐる情勢は激しく動いている。民主派の有力メディア「リンゴ日報」創業者の黎智英《れいちえい》（ジミー・ライ）氏をはじめ、「民主の女神」として広く知られている周庭《しゅうてい》（アグネス・チョウ）氏や若き民主活動家として国際的に著名な黄之鋒《こうしほう》（ジョシュア・ウォン）氏などが相次いで収監されたニュースは、日本でも大きく報じられた。また、民主派の元議員羅冠聡《らかんそう》（ネイサン・ロー）氏や許智峯《きょちほう》（テッド・ホイ）氏が海外亡命を余儀なくされたり、法律学者として民主化運動をけん引してきた戴耀廷《たいようてい》（ベニー・タイ）氏が香港大学を解雇されたりした。その他、民主派議員4名の議員資格剥奪とそれに伴う他の民主派議員の集団辞職や、台湾に船で亡命しようとしていた青少年12人に対する中国当局による長期間拘留などの事件も、香港社会に衝撃を与えた。これほどまで急激な状況の悪化を、いったい誰が予想し得たであろうか。

香港は、中国大陸と向き合ってきた「自由都市」である。[1]「一国二制度」下において、香港と中国大陸を区別してきたものは、言論・報道・出版・集会・結社などに関する「自由」であり、こうした基本的人権に関わる自由の保障が、香港を自由都市たらしめてきたといえる。そして、中国大陸では厳しい管理・統制対象とされているキリスト教や、「邪教」として取り締まり対象となっている法輪功も、自由都市・香港においては「信教の自由」が保障され、自由な活動が認められてきた。

香港政治の専門家・倉田徹教授（立教大学）が指摘しているように、一国二制度下の香港は「民主はないが、自由はある」場所である（本書所収、倉田徹「香港の政治と信教の自由」参照）。このことは、たとえ自由はあっても、もし民主的な政治制度（具体的には行政長官選挙と立法会議員選挙における普通選挙制度の導入）が確立されなければ、自由が保障され続ける確証はないことをも示唆している。香港の民主派の人々が、これまで一貫して政治制度改革を訴えてきたのは、香港のこうした自由を守るためにほかならない。

ところが、２０１４年8月31日、北京中央政府は、２０１７年に予定されていた香港行政長官選挙において、一人一票による普通選挙を実施するとしながらも、実質的には民主派の立候補を排除し、親中派しか立候補できない「偽の普通選挙制度」を採用する決定を下した（「8・31決定」）。これに対して、若者をはじめ多くの市民が不満と怒りを爆発させ、香港政府本部庁舎近辺の道路を79日間にわたって占拠するという「雨傘運動」にまで発展した。

雨傘運動は単に「8・31決定」の撤回を求める運動ではなく、根本的には香港の「自由」を守るための運動だったといえる。[2] 確かに、雨傘運動は目に見える成果として民主的な政治体制改革を勝ち取ることはできなかったが、多くの香港市民が、香港の自由が危機に直面しているという意識と民主化の重要性を共有したという点では、大きな意義があったといえる。

その後、こうした香港の自由に対する脅威は、たとえば２０１５年に起こった「銅鑼湾《トンローワン》書店事件」でさらに顕在化した。これは、中国政府に批判的な本を取り扱っていた同書店の店長・林栄《りんえい》基《き》氏と関係者数名が相次いで失踪し、中国当局の手によって中国大陸に秘かに移送され8か月間拘束されていたという事件だ。[3]「言論の自由」や「出版の自由」が脅かされるだけでなく、「身体の自由」までもが奪われて中国大陸に移送されるというこの事件は、香港市民に大きな衝撃を与えた。

さらに決定的だったのは、２０１９年に立法会で審議された「逃亡犯条例」改正（以下、「条例」改正）をめぐる動きだ。この「条例」改正は、刑事事件の容疑者を香港から台湾やマカオのみならず中国大陸にも引き渡すことを可能とする内容であったため、もし「条例」改正が可決されてしまえば、香港はもはや安全な場所ではなくなり、一国二制度は形がい化し、香港の自由は失われてしまうという危機感が市民の間に広まった。その結果、「条例」改正に反対する多くの市民により、同年６月に１００万人デモと２００万人デモが繰り広げられたことは周知の通りである。同年９月には「条例」改正は撤回されたが、警察の過剰な暴力的取り締まりに対する反発もあり、市民の抗議活動は止むことがなかった。こうした一連の抗議活動には、政府や警察の横暴な姿勢に対する批判や要求が含まれているが、その根本にあるのはやはり民主的な普通選挙導入の要求であり、そして何よりも「自由」を希求する強い願いであるといえよう。

　こうした中で、２０２０年６月30日に施行された国安法は、香港市民のこうした自由を求める声を沈黙させ、香港の自由を「合法的」に圧殺しようとしている。黎智英氏、周庭氏、黄之鋒氏等の逮捕・収監後、日本の研究者・弁護士・政治家などが抗議声明文を出したが、そこでも一連の逮捕が、「世界人権宣言や国際人権規約はもちろん、香港基本法にも保障された表現の自由をはじめとする基本的人権を著しく侵害」するものであると厳しく指摘されている[4]。

　では、言論・報道・出版をはじめとする「表現の自由」が脅かされている状況にあって、「信教の自由」は今後どのようになっていくのだろうか。特に、香港社会に大きな影響力をもつキリスト教をめぐる状況は、香港の「自由」の度合いを推し量るバロメーターともいえる。香港問題を考える際、政治的・歴史的・経済的視点など、さまざまに異なる角度から論じることができるが、本書は香港のキリスト教に焦点を当てながら、「信教の自由」という視点で香港問題を見ていきたい。

香港のキリスト教の概要[5]

香港のキリスト教人口は『香港年報』（２０１７年）によれば、プロテスタント（中国語では「基督教」）が約50万人、カトリック（中国語では「天主教」）が約38万９千人、合計約88万９千人で、全人口７４０万人（２０１７年）に占めるキリスト教人口の比率は約12％である。実際にはこれよりも多く推計する民間調査もあり、各種のキリスト教人口統計数字には議論の余地があるが、キリスト教人口が人口比１％未満である日本と比べるならば、人口比１割強という香港のキリスト教人口は、決して小さくない規模といえる。また、キリスト教関連機関にまで目を向けると、かつてイギリス植民地政府が教育事業や福祉事業を、キリスト教をはじめとする民間団体に委託していたという歴史的背景もあり、香港の小学校から高校までの全校９５７校のうち約54％（２０１７年）、香港社会福祉協議会に登録している４６５機関のうち約27％（２０１８年）[6]をキリスト教系が占めている。このことからも、香港社会におけるキリスト教の存在感の大きさをうかがい知ることができる。

香港のプロテスタント教会

香港のプロテスタント教会は約１４００教会あり、70以上のさまざまな「教派」に分かれている。こうした教会の多くは、歴史を遡れば１９４９年以前には中国大陸にあった教派の一部であったり、あるいは１９４９年の中華人民共和国建国以降に中国大陸から移入してきた教会であったりし、その意味において香港のプロテスタント諸教会は、紛れもなく中国大陸のキリスト教と歴史的連続性をもっている。しかし１９４９年以降は、中国大陸と香港の間での連絡が困難となり、しかも中国共産党政権が中国大陸に残った諸教派を「中国基督教三自愛国運動委員会」という愛国宗教団体の枠組みで一元的に管理し、各教派に対して諸外国との関係を断絶するように迫り、さらには１９５８年以降には教派自体を解体に追い込んだ。こうしたことから、香港のプロテスタント諸教会は中国大陸の教派から分離あるいは独立せざるを得なくなり、それぞれに香港（あるいはマカオを含む）を一つの単位とする教派を形成するようになった。

　中国大陸で文化大革命（１９６６－76年）が終わり、１９７０年代末に改革開放政策が開始されたのに伴い中国大陸の教会が再び活動を許可されると、香港の諸教会は中国大陸の「同胞」の教会を人材育成や教会建設などさまざまな面で支援した。中国大陸のプロテスタント教会は、前述の「中国基督教三自愛国運動委員会」に登録をする通称「三自教会」（あるいは「三自愛国教会」）と呼ばれる公認教会と、同組織への登録・加入を拒む「家庭教会」と呼ばれる非公認教会とがあるが、香港の諸教派は、それぞれの立場や理念に沿って、三自教会か家庭教会のいずれか、あるいはその両方を支援し、中国大陸のプロテスタント教会の発展に大きな役割を果たした[7]。

　１９９７年、それまでイギリス植民地だった香港は中国に返還されるが、香港基本法において次のように、「信教の自由」が保障されている。

　第32条　香港住民は信仰の自由を有する。

　香港住民は宗教信仰の自由を有し、公開布教および宗教活動の実施と参加の自由を有する。

　第１４１条　香港特別行政区政府は宗教と信仰の自由を制限せず、宗教組織の内部事情に関与せず、香港特別行政区の法律に抵触しない宗教活動を制限しない。

　宗教組織は財産の取得、使用、処置、継承および資金援助を受ける権利を法に依って享有する。財産などの権益は保持、保護される。

　宗教組織は従前の方法で宗教学院、その他の学校、病院、福祉機関およびその他の社会サービスを運営し、実施することができる。

香港特別行政区の宗教組織と信者はその他の地方の宗教組織およびその信者と関係を維持し、発展させることができる[8]。

　こうした香港基本法の法規にも守られ、香港おいては返還後も中国大陸のような「愛国宗教団体」の結成やそれへの加盟強制などの状況は起こらず、プロテスタント諸教会をめぐる環境には大きな変化はなかった。返還後も、中国大陸の宗教行政と香港のそれとは明らかに相違しており、宗教においても「一国二制度」が徹底されてきたといえる。

　２０００年代には香港と中国大陸の間での経済交流や観光交流が盛んになると、香港の神学校で学ぶ中国大陸出身の学生が増加し、また香港の教会による中国大陸の教会活動支援も増加するなど、香港と中国大陸の間での教会相互交流も盛んになった。

香港のカトリック教会

　カトリック教会の事情は、プロテスタント教会とは大きく異なる。カトリックはプロテスタントのように「教派」には分かれておらず、基本的にはバチカンにあるローマ教皇庁（以下、バチカン）を中心に、世界で一つの組織体を形成している。世界各地のカトリック教会は、バチカンによって任命された大司教や司教が管轄する「大司教区」や「教区」に区分される。１９４６年、中国は21の大司教区と１０１の教区に区分されており、当時の香港のカトリック教会は、広東省大司教区の管轄下の「香港教区」という区分になっていた。

　ところが、１９４９年の中華人民共和国建国後、中国共産党政権は１９５２年にバチカンの駐中国大使を追放し、バチカンと断交した（以降、バチカン大使館は「中華民国」である台湾に置かれ、現在に至っている）。中国大陸に残されたカトリック教会は、１９５８年に当局の管理・統制を受ける愛国宗教団体「中国天主教教友会」

（1962年に「中国天主教愛国会」に改称）を結成し、さらには文化大革命後の1980年には「中国天主教司教団」を組織した。しかし、中国共産党政権とバチカンは相互に外交関係を結んでいないため、これら二つの組織は中国においては合法組織であっても、いずれもバチカンの認可を受けていない。

しかし、バチカンと断絶し、ローマ教皇と関わりを持たないカトリック教会というのは本来あり得ないため、中国大陸にはなおも教皇に忠誠を誓う司祭が多くいた。当然のことながら、こうした司祭とその教会は激しく弾圧され、反革命罪で逮捕・拘束される者も少なくなかった。教皇への忠誠のゆえに「中国天主教愛国会」に加盟しなかった教会は地下潜伏を余儀なくされ、「忠貞教会」や「地下教会」と呼ばれる。またこれらの教会の司教たちは、中国政府が認可する「中国天主教司教団」にも決して加わらず、それとは別に1989年に「天主教中国大陸司教団」を組織した。同司教団は中国国内では中国政府からの認可を受けていない非合法組織であるが、バチカンの認可を受け、公式の関係をもっている。

従来、香港教区は広東省の大司教区の管轄下にあったわけだが、1949年[9]以降には双方の正常な連絡が困難となり、1952年にバチカンの直轄となり、以来、今日に至っている。現在、香港教区には40の教会がある。香港教区は特に教皇ヨハネ・パウロ二世（在位1978－2005年）の時代に中国大陸のカトリック教会との橋渡し的役割を果たすようになり、中国政府に認可された「中国天主教司教団」、およびバチカンと公式関係にある「天主教中国大陸司教団」の両方と関係を維持しつつ、司祭の育成や教会建設などの面で両司教団を支援してきた。本書にも登場する陳日君枢機卿は、こうした中国大陸のカトリック教会とバチカンとの間で奔走してきた中心的人物の一人である（本書所収、陳日君「バチカンにより破滅の道へ追いやられた中国カトリック教会」参照）。

中国大陸と香港のキリスト教の相違

ここまで概観してきたように、香港のキリスト教は中国大陸のキリスト教とは歴史的な連続性をもちつつ、特に１９４９年以降は異なる枠組みの中で歩んできた。１９９７年以降も一国二制度により、香港のキリスト教は「信教の自由」が保障され、プロテスタントに関しては教派の自由があり、カトリックに関してはバチカン直轄の教区として教会が存在しており、さらにはプロテスタントもカトリックも、教会が学校や病院、その他の社会福祉施設を運営することが合法的に許されてきた。

それに対し、中国大陸では、憲法上は「信教の自由」が盛り込まれているが、実際には党・政府により管理・統制的な宗教行政が行われており、教会は愛国宗教団体への登録を迫られる。愛国宗教団体として登録した公認教会は、合法的かつ公的資金で教会の土地・建物を手に入れることができ、さらに教会・神学校・委員会の人件費・運営費の一部を政府から支給され、公的な教会活動を通して信者も増加し、活気に溢れている面もある。しかし、同時に牧師や司祭の任命に関してさまざまな制限を受け、教会の諸活動にも政治色・イデオロギー色の強いものが盛り込まれてしまうことが多々ある。また、たとえこうした合法的地位を手に入れ、どれだけ教会活動が盛んになったとしても、香港のようにキリスト教系の学校など関係機関を合法的に設立・運営することは原則として許されておらず、聖職者を養成する神学校も厳格に管理・統制されている。もし、こうした愛国宗教団体に登録することを拒めば、教会は非合法組織と見なされ、取り締まりの対象となってしまう。中国当局は、こうした非合法の教会組織を、愛国宗教団体に登録させるために、さまざまな圧力を加えている。

香港の「信教の自由」の危機

「香港牧師ネットワーク」の結成と「香港２０２０福音宣言」の公表

国安法により、香港のさまざまな自由が脅かされつつある中で、果たして「信教の自由」だけが安全地帯でいられるだろうか。そもそも、信教の自由は、特に「言論・集会・結社の自由」がなければ成り立たないものだ。

キリスト教にとっては、教派や教区といった教会組織を「結社」として設立し、神を崇める礼拝やミサといった「集会」を執り行い、そこで自らが聖書に基づいて信じる信仰を説教で公に語る「言論」行為が保障されてこそ、「信教の自由」が保障されていると言える。もし、その一つでも欠けるならば、それはもはや「信教の自由」が保障されているとは言い難い。なかでも特に、自らが信じる事柄を公に語ることができる「信仰的言論の自由」（freedom of faithful speach）は、キリスト教の根幹に関わる重要な事柄と言えよう。

では、国安法施行後、キリスト教の「信仰的言論の自由」をめぐる状況には、どのような変化が起こっているのだろうか。

２０２０年5月末、中国政府が香港版国安法を審議しているというニュースが伝わり、香港と世界中に不安が広がり始めていた頃、時を同じくして、特に「条例」改正をめぐる抗議活動が続く中で、香港の自由が脅かされつつある状況に危機感を抱いていたプロテスタント教会の牧師・神学教師有志20人の発起人により、「香港牧師ネットワーク」（Hong Kong Pastor's Network）が結成された。そして、同ネットワークは結成と同時に、六項目からなる「香港２０２０福音《ふくいん》宣言」（Hong Kong 2020 Gospel Declaration, 以下「福音宣言」）を公表したが、その第一項には次のように記されている。

> イエス・キリストは救い主、王であり、そして福音の土台である（マルコによる福音書１・１）。この福音は、神の国の到来と現臨、また罪と悪の闇の力に対する勝利を宣言し、それによって世界のすべてのものに変革をもたらす。したがって、この福音は、単に死後における個人の魂の救いだけに関するものではなく、御国の到来、世の闇の根絶、悪の権威の打倒に関するものでもある。

「福音」とは、「良き知らせ（good news）」を意味するキリスト教用語である。国安法の可決・施行という「悪しき知らせ」が広がり、「一国二制度」は終わりを迎えて「一国」の支配・統治に飲み込まれてしまうのではないかと多くの人々が恐怖を覚えている時、「福音宣言」は、それでもなお「神の国の到来と現臨、また罪と悪の闇の力に対する勝利」や「御国の到来、世の闇の根絶、悪の権威の打倒」に関する「良き知らせ」があるのだ、と高らかに主張している。

「福音宣言」や「香港牧師ネットワーク」についての詳細は本書第1章を参照していただきたいが、同ネットワークは、「福音宣言」を次のように位置づけている。

> こうした信仰的宣言は、キリスト者の群れが、その時代の危機に直面する中で言い表す信仰告白である。「福音宣言」の起草目的は、かつて第二次世界大戦中に出されたドイツ告白教会の「バルメン宣言」[10]と同様に、決して新しい教義を言い表すことではなく、むしろ教会の群れのために、古き信仰がこの時代にもっている意義を、改めて宣言することである。

つまり、同ネットワークの牧師たちは、自分たちをナチス・ドイツに抵抗した「ドイツ告白教会」の立場と重ね合わせ、自分たちの「福音宣言」を「バルメン宣言」に倣うものと位置付けていることがわかる。もっとも、「福音宣言」を起草した同ネットワークの牧師たちは、「福音宣言」は決して単に政府に対抗するような意図で書かれた政治的文書ではなく、むしろ教会の立脚点・一致点を明確にするための信仰の告白の文書であると考えている（「福音宣言」の位置づけについては、本書所収、朝岡勝「『香港2020福音宣言』を読む」参照）。

「香港牧師ネットワーク」の結成計画と「福音宣言」の起草は、国安法の議論が公になる以前よりなされていたが、結果として国安法と同時期に公式に結成・発表されたこともあり、「福音宣言」は国安法の中においてキリスト教会が拠り所とすべき信仰的立場を明示する意味合いをもつようになった。「福音宣言」の発表後、2日間で約3千人の賛同署名が集まり、同年6月末までに約4千人（牧師・神学教師５４８人、信徒３４７５人）にまで賛同の輪が広がった。

左派系メディアによる攻撃

ところが、国安法施行後の7月7日、香港の左派系（親中派）新聞の「大公報」と「文匯報《ぶんわいほう》」が、香港牧師ネットワークが発表したこの「福音宣言」を取り上げ、同宣言が「信仰をもつ人々を洗脳し、国家分裂を策動するよう意図している」と批判する記事を掲載した。これらの批判記事では、本書第2章の執筆者である邢福増《けいふくぞう》教授と袁天佑《えんてんゆう》師も名指しで批判されている。

実は「福音宣言」の発表後、同宣言の紹介動画が作成され、ネット上で公開されていたが、両紙は、その動画に「条例」改正反対デモの場面や、「光復香港、時代革命（香港を取り戻せ、時代の革命だ）」と書いた旗が登場することに触れ、紹介動画が国安法違反の疑いがあるとした。さらに、両紙は「『バルメン宣言』になぞらえて書かれた『香港２０２０福音宣言』の背後には、政権転覆の意図がある」と指摘し、同ネットワークを牽制した。また「大公報」は、全国香港マカオ研究会副会長・劉兆佳《りゅうちょうか》氏と著名な弁護士・清洪《せいこう》氏の見解として、「『福音宣言』が香港国家安全維持法に抵触する恐れがあり、『福音宣言』の動画作成に携わった関係者は、有罪が確定した場合、3年から10年の刑となる可能性がある」とも報じた。

これを受け、同ネットワークは当該動画を削除したが、こうした政府系メディアによる批判・攻撃の衝撃はかなり大きかったようである。その後、同ネットワークは主にネット配信での祈禱会開催などの活動を継続しているものの、ネットワークの立ち上げに関わった発起人のコアメンバーはすでに解散し、同ネットワークになおも関わる者もあれば、その活動から身を引いた者もあるという。特に、同ネットワークの結成と「福音宣言」の起草に中心的に関わった二人の牧師、王少勇《おうしょうゆう》師と楊建強《ようけんきょう》師が8月上旬にそれぞれ教会の職を辞し、香港を離れ海外に逃れたというニュースは、国安法がキリスト教の牧師たちの「信仰的言論の自由」に、どれほど大きな圧力をかけているかを物語っている（同ネットワークの結成、「福音宣言」の起草過程、および王・楊両師の海外亡命に関しては、本書第1章参照）。

国安法に対するキリスト教界の反応[11]

実は香港のキリスト教界内では、国安法に対して反対や懸念を公に表明している教会指導者や教会組織は、ごく一部に限られている。プロテスタントでは最大教派の香港バプテスト連盟の牧師である同連盟会長・羅慶才《らけいさい》師[12]が、２０２０年6月29日に国安法に対する憂慮と批判を含んだ内容の「会長の言葉」を同連盟の公式ホームページ上に掲載したものの、こうした発言が今後、同教派の学校運営をはじめ教派全体の活動に悪影響を及ぼすという懸念の声が内部から上がり、「会長の言葉」は翌日には削除されてしまった。

プロテスタント諸教派の協力・連絡機関である香港基督教協進会（キリスト教協議会）の場合は、２０２０年6月上旬に「国安法が香港の法律に則して公開的かつ公正に運用されること」「一国二制度下で享受されてきた人権と自由が保障されること」といった趣旨の要望を述べるにとどまり、国安法施行後は特に批判や憂慮を表明してはない。

香港のカトリック教会には、香港教区の元司教・陳日君《ちんにちくん》[13]枢機卿や補佐司教・夏志誠《かしせい》[14]神父など、従来より民主化運動を支持する言動をとってきた司祭たちもいるが、現在の香港教区の教区管理者・湯漢《とうかん》[15]枢機卿は、国安法施行前の同年6月末、同法の立法を「理解できる」と述べた上で、「香港基本法第32条が我々の信仰の自由を保障しているため、国安法が信教の自由（宗教の自由）に影響を及ぼすことはないと考えている」と発言した。さらに、国安法施行後の同年8月末、湯漢枢機卿は教区内の司祭に対して、「ミサ説教において社会問題・政治問題に関する個人的見解は語らないこと」、また「秘かに人を中傷したり、憎しみを扇動したり、社会の混乱を引き起こすような誹謗や攻撃的言論はキリスト者の精神に反する」という通達を出し、司祭たちの政治的言動を牽制している。

香港のキリスト教界の中で、国安法を支持する立場を明言しているのは、香港聖公会の大主教・鄺《こう》保羅《ぽうろ》師(16)だ。中国人民政治協商会議全国委員会の委員も務める同師は、これまでも度々、北京中央政府寄りの発言をしてきたことで知られているが、今回はイギリス聖公会の週刊新聞「Church Times」への寄稿文（7月10日執筆、7月23日掲載）の中で、「私はこの法律を歓迎する」と国安法支持の立場を明言している。同師は、寄稿文の中で次のように述べている。

> 香港の宗教指導者の多くは国家安全維持法に反対する立場を採っていない。この法律に対する我々の立場が西洋の人々の立場とは異なっているということを私は承知しているが、これこそが我々にとって最善であると我々は信じている。諸外国には、どうか我々の事柄に干渉せず、我々を理解してくれるようにお願いしたい。……多くの西洋のメディアや政治家によって、中国は香港のすべてを破壊しようとする悪であるかのように絶えず描かれるのに対して、イギリス政府やアメリカ政府は香港の善意ある擁護者・救世主として賞賛されている。しかし実際には、中国はこれまで何年にもわたり、香港と香港の人々を援助し、支持し続けてくれている。我々は中国の一部であり、中国に依り頼み、中国から利益を受けている。

羅慶才師のように国安法に対する懸念を表明する教会指導者も少数だが、湯漢枢機卿や鄺保羅大主教のように国安法の容認や歓迎を公言する指導者もごく一部に限られており、キリスト教界全体の現状では、特に明確な立場表明をしない教会指導者・教会組織が大半である。こうしたキリスト教界の沈黙の理由の一つとして、国安法が宗教に関しては直接何も触れていないため、「信教の自由」には影響はないと考えている人々が多いからではないか、という指摘もある（本書所収、袁天佑「政治問題に直面する香港教会」参照）。

しかし、「福音宣言」と香港牧師ネットワークに対する親中派メディアからの批判・攻撃が見られ、また説教における政治的・社会的言動に対する牽制が見られる現状は、すでに「信教の自由」に影響が出始めている兆候といえよう。

香港キリスト教の「中国化」⁉

長年、中国大陸のキリスト教を研究してきた邢福増教授（香港中文大学・崇基学院神学院）は、「中国共産党の宗教政策がどの程度、香港に適応されるのかは、香港の宗教界の指導者たちが、国安法に直面する際にどのような選択をするかに掛かっている」と語る[17]。また邢福増教授は「香港教会は……『中国の特色ある政教分離』を受け入れ、国家イデオロギーを擁護し、官製神学を構築するのと同時に、信仰の公共性を自己否定するのか。それとも国家のお先棒を担ぐことを拒絶し、預言者としての使命を堅持し、正義を行い、苦しむ者と共に歩むのか」と、香港のキリスト教が岐路に立たされていることを指摘している（本書所収、邢福増「『国家安全維持法』の暗雲下における香港教会」参照）。

国安法が施行されたとはいえ、香港には依然として「香港基本法」があるため、短期的に見た場合、プロテスタントであれカトリックであれ、香港のキリスト教がすぐさま中国大陸のキリスト教と同じような状況になることはないだろう。しかし、長期的に見た場合、香港のキリスト教が徐々に「中国化」していくという懸念は拭えない。「キリスト教の中国化」とは、表面上は教会の集会が許可され、「信教の自由」があるかのように見えても、実際には政府に厳しく管理・統制される「中国の特色ある政教分離」を受け入れ、愛国主義的な国家イデオロギーを擁護することを余儀なくされることを指す（こうした習近平体制下における三自愛国教会と家庭教会に対する近年の取り締まりに関する状況は、本書所収「キリスト信仰のための声明」参照）。

中国大陸において、そうした「中国化」を徹底的に拒み、「信仰的不服従」を貫いた場合にどのようになるのかは、「国家政権転覆扇動罪」で懲役9年の有罪判決を受けた四川省成都市の秋雨之福聖約教会牧師・王怡《おうい》師の事例をみれば明らかだ（本書所収、王怡「私の声明――信仰的不服従」参照）。将来、香港において「第二の王怡事件」が起こらないようにするためにも、香港において「信教の自由」が守られねばならない。邢福増教授が香港市民および香港教会に対して、中国大陸におけるキリスト教をめぐる状況にも関心を向けるように警鐘を鳴らすのは、そのためである（本書所収、邢福増「暗闇の時代に命がけで道を証しする伝道者・王怡牧師」参照）。

香港の民主化運動とキリスト教の未来

香港において、言論・報道・出版・集会・結社の自由とともに、「信教の自由」の基盤も揺らいでおり、このことに対する香港のキリスト教界の危機意識は強くなっている。また、従来は政治に関心を払ってこなかった信者層の中で、改めて民主的政治制度の実現の重要性を認識する人々も増加している。

とはいえ、プロテスタントであれカトリックであれ、香港の「教会」が組織として全面的に民主化運動に参与してきたわけではないのも事実だ。世間一般には「キリスト教＝民主主義」というイメージがあるかもしれないが、実際には必ずしもそうではない。キリスト教の信者や聖職者の中にもさまざまな政治的立場があり、キリスト教は「世俗の政治」には関わるべきではないと考える人たち、また教会内で対立・分裂を引き起こす政治的話題は避けるべきと考える人たちが少なくない。したがって、教会や教派の組織の名義で政治的声明を出すことは稀であり、たとえ何かの声明を出す場合でも、多くは「信徒有志」であったり、牧師や司祭など聖職者たちの場合も、個人としてであったり、あるいは有志グループでの声明という形をとることが多い。香港牧師ネットワークも、決して教会・教派組織を代表しているわけではなく、各自があくまで個々人の資格で参加し、有志団体として活動している。

このように、香港のキリスト教が全体として民主化運動に積極的に関わってきたとは言い難い。それでも、個人的にではあっても、明確にキリスト教的な価値観に基づいて民主化運動に参与してきた信者・牧師・司祭たちがいたことは確かであり、忘れてはならない。民主化運動に関わってきたこうしたキリスト者の中から、本書では香港大学の元副教授・戴耀廷氏、香港バプテスト教会の名誉牧師・朱耀明師、カトリック香港教区の元司教・陳日君枢機卿の文章を訳出している。それらを一読すれば、彼らの一つ一つの言葉や行動の中で、聖書・教会・祈りといったキリスト教信仰と民主主義の理念・制度とが、共鳴し合っていることが分かるだろう。

言うまでもなく、「信教の自由」は、キリスト教だけに関わる事柄ではなく、仏教やイスラム教、儒教、道教、ヒンドゥー教、シーク教、ユダヤ教、さらには法輪功など、あらゆる宗教に関わる問題である。また信教の自由を確立・擁護する理念や制度が、キリスト教の専売特許というわけでもない。しかし、それでもなお、戴耀廷・朱耀明・陳日君諸氏の言葉を読めば、キリスト教信仰が民主主義の理念・制度と共鳴し合い、信教の自由を、延いては香港全体の自由を擁護する重要な要素の一つであることに、気づかされるだろう。

香港キリスト教の直近の課題

香港のキリスト教が向き合わねばならない課題は多々あるが、信教の自由や民主主義といった大きな問題も踏まえつつ、最後に、教会が抱える具体的な課題をいくつか指摘しておきたい。

第一に、教会と教育機関の関係である。すでに述べたように、香港の小学校から高校までの全学校の内、54%がキリスト教系であり、教会は教育機関の運営を通して、香港社会に広く影響を及ぼしてきた。その一方で、こうしたキリスト教系学校は公教育機関でもあるため、香港政府からの財政支援を受けており、カリキュラムに関しても、一定程度は政府の教育方針や、学校における中国国旗の掲揚や中国国歌の斉唱に関する法規にも従わねばならない。このことは、もし政府の教育方針に従わない場合には、学校運営権が取り消される可能性があることをも意味している。今後、政府当局が「愛国主義教育」の導入をさらに図り、キリスト教系学校にも要求してきた場合、果たして教会は学校運営をどのようにしていくべきか、難しい判断に迫られる。香港バプテスト連盟が学校運営への悪影響を懸念して羅慶才師の「会長の話」を公式ホームページ上から削除したのにも、こうした背景がある。

第二に、特に若者層の信者の大幅な減少である。「香港教会更新運動」という団体が、１９９９年以来、５年毎に実施しているプロテスタント教会の教勢調査によると、礼拝出席者に関しては、２０１４年に約30万5千人だったのをピークに、２０１９年には約26万8千人にまで落ち込み、実に約3万7千人の減少となっている。これには、高齢者の逝去による自然減も含まれるだろうが、香港教会更新運動の２０１９年の報告では、雨傘運動以降、教会が公共問題に対して無関心であることに不満を抱く若者層で「教会離れ」（de-church）が起きていると指摘されている。また国安法施行に伴い、香港社会全体での海外移民ブームの傾向が見られるようなり、このことが今後、教会の信者数減少の要因の一つとなり得る。さらに新型コロナウィルスの影響で、教会堂に集まっての礼拝やミサが行政命令で制限され、教会のコミュニティーとしての機能が大幅に低下していることも、教会にとっては大きな痛手だ。そして、こうした信者数の減少は、当然のことながら財政問題にも直結する。

第三に、政治的立場の異なる信者たちへの牧会的・司牧的な配慮である。香港では親中派・親政府派が「青色」、民主派が「黄色」と色分けして呼ばれるが、教会においても「色分け牧会」の是非をめぐる議論がなされている。政治的立場やその他の考えが異なる信者同士が同じ教会に留まり続けることに困難を覚える場合、それぞれの立場に分かれることもやむを得ないとするのか、あるいは政治的立場の相違を超えて、信仰における一致をなおも目指す努力をしていくのか。このことは信者同士でも心をすり減らす問題だが、板挟みになる牧師・司祭もさまざまな配慮をしなければならない、かなりデリケートな問題でもある。また、当然のことながら、牧師・司祭など聖職者の間でも立場が異なる場合があり、同じ教派や同じ神学校の中でも立場が異なる場合がある。「臭い物に蓋をする」ような仕方で表面的な一致を保つのではなく、かといって分裂や対立もやむを得ないとして一致を諦めるのでもなく、重要な政治的課題を語りつつ、立場の違いを超えて、いかにしてなおも一致を保つことができるかが、今まさに問われている。

　第四に、いかにして自由な説教の場を守り抜くかである。神の権威を託されている牧師や司祭という職務に就く者にとって、聖書に基づきつつ、また自らの信仰と良心に基づいて説教することは、決して譲ることのできない重要な聖なる使命である。これは、信じている事柄を公に語ることができる「信仰的言論の自由」に関わることであり、本来、いかなる政治的権威・権力もこれを犯してはならない。しかし、国安法により言論だけでも罪に問われる可能性が出てきた現在、特に牧師・司祭たちは「信仰的言論の自由」をいかに堅持できるかという課題に直面している。香港の「信教の自由」の未来は、教会の礼拝やミサにおける説教にかかっているとも言える。

第五に、香港のキリスト教と、中国大陸および海外のキリスト教の関係である。香港返還以降、香港と中国大陸の間での教会相互交流も盛んになったことは前述した通りだが、国安法の影響により、今後はこうした教会間交流が減少したり委縮したりすることが予想される。こうした傾向はすでに雨傘運動の時期から始まっていたが、２０１９年の「条例」改正反対運動の時期からさらに加速し、そして２０２０年には新型コロナウィルスと国安法の二重の影響で、基本的には交流は停滞してしまった。香港の複数の神学校では、中国大陸の非公認教会の伝道者養成プログラムを実施してきたが、今後はそうした活動も変更を余儀なくされるだろう。また、プロテスタントであれカトリックであれ、世界宗教であるキリスト教会は当然のことながら国際的なネットワークをもっているが、今後はこうした国際交流が国安法の「外国勢力との結託」と見なされるのではないか、という懸念がある。世界の諸教会が香港問題に対して公に発言しにくいのには、こうした背景もある。国安法の影響により、日本を含む世界のキリスト教は、香港のキリスト教との国際交流・民間交流の在り方を慎重に再検討する必要に迫られている。

本書の構成

本書は四つの章で構成されている。

第1章では、「香港牧師ネットワーク」の概要説明と「香港２０２０福音宣言」の全文、またそれに付随する四つの関連文書の邦訳を紹介している。プロテスタントの牧師・神学教師による信仰的・神学的内容の文書であるため、やや難解な箇所もあるかもしれないが、そこに響いているキリスト者の良心の叫び声は、読者諸氏にも十分に伝わることだろう。

「深淵から呼び求める七日間の祈り」は、２０２０年7月上旬、同牧師ネットワークが特に信者たちへの祈りの指針として、公式フェイスブック上で公表した祈禱文だ。是非、一度、声に出して朗読していただきたい。そうすることで、香港のキリスト者が抱えている課題が何であるのかを、頭だけではなく心で理解することができるだろう。また、キリスト教に必ずしも馴染みのない読者諸氏も、この祈禱文を読むことで、キリスト者が政治的・社会的課題に対してどのように考え、悩み、そしてなおも希望をもって戦っているのかを垣間見ることができるだろう。

「『逃亡犯条例』改正反対運動から『香港牧師ネットワーク』結成まで」は、同ネットワークの結成と「福音宣言」の起草に中心的に関わった二人の牧師、王少勇師と楊建強師が、これまでの歩みを振り返りながら、「福音宣言」の位置づけや今後の展望、また国安法下における教会の存在意義について語ったものである。前述のように、王師と楊師がこれらのことを語った1か月後には香港を離れざるを得なかったというのは、両師にとって非常に苦しい決断であっただろうことは想像に難くない。このことは、国安法の脅威の大きさを示す出来事ではあるが、同時に「福音宣言」がどれほど「真実」を語っているかをも物語っている。

朝岡勝師は、「『香港２０２０福音宣言』を読む」で、バルメン宣言とローザンヌ誓約の線から、実に明解かつ的確に「福音宣言」の位置づけと、それが持つ意義を解説してくださっている。特に「香港の状況は決して他人事ではない。私たち日本の教会こそ、目覚めて『信仰告白の事態』（Status Confessionis）を見極め、その事態に対して語りうる福音の宣言を持っているか、祈りかつ行動する教会となっているか」という問いかけは、真に迫ってくる。

第2章では、香港政治の専門家である倉田徹教授が「香港の政治と信教の自由」と題する一文を寄稿してくださった。倉田教授は、「政治的権利（Political Rights）」「市民的自由（Civil Liberties）」といった政治学概念や法輪功問題などに触れながら、一国二制度下における宗教の自由について、分かりやすく解説してくださっている。倉田教授は、「福音宣言」が実際に罪に問われ、関係者が罰せられる可能性が高いとは考えないが、萎縮効果を社会全体にもたらすことは間違いなく、「香港の信教の自由の基礎は揺らいでいる」と指摘している。

袁天佑師は、「政治問題に直面する香港教会」の中で、「政治と教会」の難しい課題に教会がどのように苦慮しつつ向き合っているかを紹介している。袁師は香港合同メソジスト教会の会長、また香港基督教協進会の議長を歴任した経歴をもつ、名実ともに香港のプロテスタント教会を代表する牧師（現在は引退牧師）であり、教会の現場を誰よりもよく知っている方である。「一時的な暗闇のゆえに、若者たちが信仰や希望を失うことがないように、願って止まない。香港のために、そして香港の若者たちのために祈ってほしい」という袁師の切実な呼びかけに、私たちも応えたい。

中国キリスト教研究の第一人者である邢福増教授は、「国家安全維持法の暗雲下における香港教会」の中で、北京中央政府が中国大陸と香港における「国家安全」をどのように位置づけてきたかを跡付けた上で、香港教会が国家安全維持法の下で、いかにして「真実の生」を生き、「嘘の生」を拒絶することができるかを問いかけている。

第3章では、香港の民主化運動をけん引してきた、戴耀廷氏、朱耀明牧師、陳日君枢機卿の文書を訳出した。日本でも、香港の民主化運動についての書物や報道で戴耀廷氏（2020年7月に香港大学の副教授の職を解雇）の名前を多く見かけるものの、彼のキリスト教信仰については全くと言ってよいほど知られていない。同氏は「信仰と民主の夢」の中で、乖離していると思っていた法律的言語と宗教的言語という二つが、実は「正義」という点において一致していることを見出すまでの葛藤を語り、「セントラル占拠運動」における自身の信仰的動機を明らかにしている。

朱耀明師の「鐘を鳴らす者の言」は、同師が法廷で読み上げた最終陳述である。同師は2014年の雨傘運動の道路占拠に指導的役割を果たしたとして、「公衆妨害共謀罪」に問われていた（判決は禁錮1年4か月、執行猶予2年）。同師は、裁判の最終陳述の場を牧師としての「説教」と位置づけ、自身のキリスト教信仰の経緯とライフ・ヒストリーを振り返りながら、自身の使命が人々の良心を呼び覚ますために「鐘を鳴らす者」であることを力強く語っている。涙ながらに語られた牧師・朱耀明の人生最大の「説教」に、法廷内にいた戴耀廷氏やその他多くの傍聴者たちも涙を流したと伝えられている。

陳日君枢機卿の「バチカンにより破滅の道へ追いやられた中国カトリック教会」は、近年話題となっているバチカンと中国政府の間で交わされた、司教任命をめぐる「暫定合意」に関する内幕の一部を告発しているような一文である。これはカトリック教会が抱えるバチカンと中国政府の複雑かつ難しい関係を改めて痛感させられる内容だが、同時に、こうした事柄の中に、実は「教会の自由」の問題があり、それはまた「香港の自由」とも関わっていることなのだと、陳日君枢機卿は教会内外に訴えている。

第4章は、香港の信教の自由の危機を考えるためには中国大陸のキリスト教をめぐる状況を理解しておく必要があると考え、特に非公認教会の家庭教会に関連する三つの文書を訳出した。「キリスト信仰のための声明」は、２０１８年に家庭教会の牧師・長老有志によって起草されたものだが、習近平体制下でキリスト教に対する管理・統制強化がどのようになされているのか、またそれに対して家庭教会の牧師たちがどのように信仰的に向き合っているのかを知ることができる。

王怡牧師による「私の声明——信仰的不服従」は、すでに逮捕されることを覚悟していた同師があらかじめ書いておき、逮捕後に公表するように教会員に依頼していた声明文である。同師は、自身の抵抗のあり方を政治運動・社会運動としての「市民的不服従」（civil disobedience）ではなく、あくまで信仰的行為としての「信仰的不服従」（faithful disobedience）であると理論づけ、それを貫こうとしている。しかし、あらゆる領域が政治化されてしまう中国大陸において、非政治的かつ信仰的であろうとすることそのものが、逆に強い政治的意義を持つことになってしまう。これを読む者は、信仰に生きるとはどういうことかを、強烈に印象付けられることだろう。

邢福増教授の「暗闇の時代に命がけで道を証しする伝道者・王怡牧師」は、王怡師の有罪判決直後に、親しい友人でもある同師への連帯の思いを込めて語られた言葉である。特に重要なのは、これが香港の「逃亡犯条例」改正反対運動の文脈の中で語られたものであるという点だ。長年にわたり中国大陸のキリスト教を研究してきた同氏は、キリスト教を含む宗教が「中国化」されるということがどのような事態を引き起こすかものであるかを、誰よりもよく知っている。それだけに、香港が「中国化」されつつある危機に直面しているとき、香港のキリスト教が「中国化」されないためには、王怡師と共に歩まねばならない、と訴えたかったのだろう。

本書全体を通して、読者諸氏が「信教の自由」という視点からも香港問題に関心を向け、香港のために祈り、そして翻って日本や世界の同様の課題にも目を向けるきっかけとなれば幸いである。

注

（1）倉田徹、張彧暋『香港――中国と向き合う自由都市』岩波書店、２０１５年。

（2）倉田徹「嵐の中で自由を抱きしめる――『中国化』と香港の自由」『国際問題』No.643（日本国際問題研究所、２０１５年7月）。

（3）林栄基は釈放後、台湾に亡命し、２０２０年4月に台北市で銅鑼湾書店を再開している。

（4）「周庭さんをはじめとする香港の人々の不当な逮捕について」〈https://stand-with-hong-kong.jimdosite.com〉（初版２０２０年8月12日、改訂版同年12月7日）。

（5）香港のキリスト教の概要については、倉田徹・吉川雅之編『香港を知るための60章』（明石書店、２０１５年）所収の拙稿「キリスト教（プロテスタント）――多元化に揺れるプロテスタント」を参照。

（6）許家欣「究竟香港有多少基督徒？」『時代論壇』２０１８年8月15日。

（7）１９４９年の中国大陸のプロテスタント・キリスト教に関しては、共著『増補改訂版　はじめての中国キリスト教史』（かんよう出版社、２０２１年2月出版予定）に所収されている拙稿「中華人民共和国におけるキリスト教――１９４９年から現在まで」参照。

（8）「香港特別行政区基本法」の日本語訳は、「香港ポスト」のホームページ参照〈https://hkmn.jp〉。

（9）１９４９年の中国大陸のカトリック・キリスト教の概要は、共著『増補改訂版　はじめての中国キリスト教史』（かんよう出版社、２０２１年2月出版予定）に所収されている拙稿「中華人民共和国におけるキリスト教――１９４９年から現在まで」を参照。

（10）ナチス政権に取り込まれてしまったドイツ・キリスト者、また帝国教会が台頭してくるのに危機感を覚えた福音主義教会の牧師たちが、１９３３年、ディートリヒ・ボンヘッファーやマルティン・ニーメラーを中心に「牧師緊急同盟」を結成し、翌年、ヴッパータール・バルメンで「告白教会」の第1回総会を開催した。同総会において、スイスの著名な神学者カール・バルトを中心に起草された「バルメン宣言」が採択された。同宣言は全部で六項目から成り立っており、イエス・キリストのみをこの世の支配者と見なす信仰の告白が主張されている。

（11）香港国家安全維持法以前の時期、すなわち「逃亡犯条例」改正反対運動の時期の香港のキリスト教界の動向については、倉田明子「香港社会とキリスト教――中国との関係性から」『東亜』２０２０年6月号参照。

（12）羅慶才（Lo Hing-choi, 1952–）アメリカ南部バプテスト神学校で博士号取得、専門は旧約聖書神学。香港バプテスト神学校で教鞭を採った後、現在、牛池湾竹園潮語バプテスト教会主任牧師。２０１８年より香港バプテスト連盟の会長に就任。

（13）陳日君（Joseph Zen Ze-Kiun, 1932–）上海出身。２００６年に枢機卿に任命。２００２‐09年、カトリック香港教区第６代司教。

（14）夏志誠（Joseph Ha Chi-shing, 1959–）香港出身。２０１４年に補佐司教に任命。

（15）湯漢（John Tong Hon, 1939–）香港出身。２０１２年に枢機卿に任命。２００９‐17年、カトリック香港教区第７代司教。湯漢の後を継いで香港教区第８代司教となった楊鳴章（Michael Yeung Ming-cheung, 1945–2019）が２０１９年１月に急逝し、現在は香港教区の司教職は空席となっているため、湯漢が教区管理者（Apostolic Administrator）に就任し、香港教区の実質上の最高位責任者となっている。

（16）鄺保羅（Paul Kwong, 1950–）２００７年に香港聖公会大主教に任命。中国人民政治協商会議全国委員会委員も務める。

（17）「中国大陸の十字架強制撤去から香港の国家安全維持法にいたるまで」（宗教学者・邢福増氏への独占インタビュー）、香港・端伝媒（Initium-Media）、２０２０年８月25日。

第1章　「香港牧師ネットワーク」と「香港２０２０福音宣言」

はじめに[1]

揺れ動く不安に満ちた社会において、教会の信徒に対する牧会の必要性を感じた一群の牧師たちが、２０１９年5月、「香港キリスト教牧師署名準備委員会」という名称の臨時的な組織を結成した。30名の牧師たちが発起人となり、「真理を擁護し、虚偽を拒絶する」という決意を表明し、政府に対して「逃亡犯条例」改正の撤回を要求する署名運動を公に展開し、８００名余の牧師たちの賛同署名が集まった。

政治情勢が悪化するのに伴い、我々は祈りによって対応することを決定し、信仰的運動を推進し、福音の真理を基礎としながら、社会的状況に応答するいくつもの署名付き声明を発表してきた。我々は、祈禱運動や複数回にわたる公開祈禱会を準備・開催し、無力感に包まれた人々の群れの中で、祈りによって神を見上げ、神の力と恵みに依り頼み、希望を持ち続けながら、困難に向き合ってきた。さらに我々は、関連する主題についての講座を開催し、「福音の真理とは何か」「教会のあり方はどうあるべきか」などを改めて省み、また、「分裂と対立の中においてどのように牧会するか」や「混乱した世界においてどのように信仰的な自省や識別に立ち返るか」を検討し、適切な信仰的批判・応答を試みてきた。こうした一連の運動の中で、いくつかの集会は、さらに別の教会組織や神学校と共催し、神における一致の精神を現してきた。

我々は、牧師の果たすべき責務として、混乱した世界において人々と共に歩むこと、助けを必要としている人々に手を差し伸べること、霊的な牧会を提供することを願ってきた。我々は、これが長期間におよぶ信仰的運動となるであろうと考え、２０１９年末、長期的に運用できる香港の牧師たちによる組織を立ち上げることを決定した。組織の名称は、それまでの「香港キリスト教牧師署名準備委員会」に替えて、「香港牧師ネットワーク」（Hong Kong Pastors Network）とし、２０２０年5月26日に正式にその結成を宣言した[2]。これにより、我々は、香港の牧師たちの声を継続的に発信し、香港が直面している困難や課題に対して福音によって応答し、真理を擁護し、虚偽を拒絶し、神の国の福音を宣べ伝え、状況に対応する霊的運動を計画し、各教会・牧師・信徒たちに牧会上の支援を提供することを志した。

香港牧師ネットワークは発足と同時に、「香港２０２０福音宣言」（以下「福音宣言」）を公表した。「福音宣言」は、２０１９年6月以来の「逃亡犯条例」改正反対運動を背景に、複数の牧師・神学教師が共同で起草したものである。こうした信仰的宣言は、キリスト者の群れが、その時代の危機に直面する中で言い表す信仰告白である。「福音宣言」の起草目的は、かつて第二次世界大戦中に出されたドイツ告白教会の「バルメン宣言」と同様に、決して新しい教義を言い表すことではなく、むしろ教会の群れのために、古き信仰がこの時代にもっている意義を、改めて宣言することである。行動は信仰から始まり、信仰は告白に基づく。時代の巨大な車輪に直面する時、キリスト教会は、自らの福音信仰を改めて明確にする必要がある。

「香港牧師ネットワーク」のロゴ

「福音宣言」は、香港教会の歴史的な一里塚である。香港教会のこれまでの発展を省みると、１９５０年代に中国大陸から多くの宣教師が香港にやって来て、教会の急速な成長を導いた。教会は福音宣教・伝道・教会堂建設により著しい発展を遂げ、香港は世界の華人教会の重要な中心地となった。しかし、１９９７年に中国大陸に返還されて以降、全体主義統治の圧力が日増しに強まり、今や香港のキリスト者は、いかにして福音信仰を守り通せるかという大きな課題に直面している。洪水に呑み込まれないためには、一刻の猶予もない。

「福音宣言」は、主に六つの信仰命題からなっている。

第一項　イエス・キリストこそ、福音そのものである。
第二項　イエス・キリストこそ、教会の唯一の主である。
第三項　教会は、福音を宣べ伝える証人の共同体である。
第四項　教会は、真理の柱また土台であり、虚偽を拒絶し、真理を堅く守る。
第五項　霊性と行動は、不可分である。
第六項　教会は、暗闇の時代にあって光の子である。

「福音宣言」の冒頭は、イエス・キリストを第一とすること、すなわちイエス・キリストこそが福音の源であり、さらにはキリスト教会のあらゆる信仰告白の土台であることを表明している。この確信の下にあって、「イエス・キリストは主である」という告白は、永遠に教会の行動の基礎である。「イエス・キリストは主である」という告白は、教会に対して、社会における自らの本分が何であるかを明確にする必要があることを喚起する。特に権威主義統治下において、教会は、福音に関する自分たちの使命を改めて省み、社会や政治の特別な事態にあって、イエス・キリストを証しする共同体とならねばならない。

「福音宣言」の後半三項の言葉は、この時代における教会の具体的行動について述べている。すなわち、教会は真理の柱また土台としてキリストの御足の後に従い、祈りにおいて虚偽を拒否し、真理を堅く守り、霊性と行動をキリストへの服従の基本とし、キリストの聖なる御言葉と聖霊によって絶えず新たにされ、暗闇の中にあってもなお、力を尽くして光の子として歩み続けるのである。

願わくば、イエス・キリストの真の光が香港教会を照らし、揺れ動く乱れた時代にあっても、香港教会が福音

と真理をたずさえ、時代の困難の中を歩んでいくことができるように。アーメン

注

（1）「はじめに」は「香港牧師ネットワーク」が発行した「香港２０２０福音宣言」のブックレットに掲載されている「《香港２０２０福音宣言》的源起和主題」と、同ネットワークの設立経緯の解説の二つを、編訳者が文意を変えずに再編集したものである。

（2）「香港牧師ネットワーク」のロゴは、香港のランドマークである「獅子山」（Lion Rock）を基調としているが、獅子はキリストの象徴でもある（ヨハネの黙示録５・５）。山の背後には、希望を象徴する光が描かれている。またロゴの真ん中には、キリストを表すギリシア文字の「X」があり、香港はキリストが治めておられる街であることを意味している。同ネットワークの公式ホームページ〈http://hkpastors.net〉。

「香港２０２０福音宣言」

第一項　イエス・キリストこそ、福音そのものである。

イエス・キリストは救い主、王であり、そして福音の土台である（マルコによる福音書１・１）[1]。この福音は、神の国の到来と現臨、また罪と悪の闇の力に対する勝利を宣言し、それによって世界のすべてのものに変革をもたらす。したがって、この福音は、単に死後における個人の魂の救いだけに関するものではなく、御国の到来、世の闇の根絶、悪の権威の打倒に関するものでもある。さらにこの福音は、今ここにある世の命を配慮し、癒し、保護するものであり、また人類の政治的解放と社会的配慮にまでおよぶ、具体的で行動的、かつ全包括的なものである。

第二項　イエス・キリストこそ、教会の唯一の主である。

教会はキリストの体であり、頭《かしら》であるキリストに連なり、すべてにおいてすべてを満たしている方の満ちておられる場である（エフェソの信徒への手紙１・23）[2]。したがって、教会は、最終的には、地上のいかなる政治的・経済的支配者や権力者に服従するにもまして、天の御国の王であり救い主であるキリストのみに服従し、忠実でなければならない。教会はこの世のいかなる権力にも依り頼んで存続を図ってはならず、またそれらによって支配されてはならない。特に、経済発展が他のあらゆることよりも優先されてしまいがちな香港社会において、教会は歴史を鑑とし、すべての偶像を拒否しなければならない。教会は、主イエスの「あなたがたは、神と富《マモン》とに仕えることはできない」[3]という教えと、「十戒」第一戒「あなたには、わたしをおいてほかに神があってはならない」[4]という御言葉を心に刻み、これに生きなければならない。教会はイエス・キリストのほかに救いはないことを、確信するからである。

第三項　教会は、福音を宣べ伝える証人の共同体である。

イエス・キリストと神秘的に結合された体としての教会は、この地上において、イエス・キリストの真の証人となる（マタイによる福音書5・13－16）[5]。したがって、教会は自らの内部発展ばかりを追い求め、安定・安心・繁栄を貪ってはならない。むしろ教会は、イエス・キリストに従う群れとして、その模範に倣い、貧しき者の中に住み、迫害される者と共に歩み、助けを必要とする者に手を差し伸べるべきであり、悪の力による迫害や十字架を背負う苦難を恐れるべきではない。教会は行動によって、イエス・キリストの模範に従うのである。

第四項　教会は、真理の柱また土台であり、虚偽を拒否し、真理を堅く守る。

事実を歪曲し、メディアをコントロールし、真理を埋没させる全体主義統治に直面するとき、教会は、あらゆる虚偽を拒否し、政治権力が犯した誤りを勇気をもって指摘する。教会自身は真理そのものではないが、しかし偽りなき良心をもってイエス・キリストの聖なる御言葉に従い、常に聖霊の声に耳を傾け、謙遜に自らを絶えず新たにし、事実を見究め、真理に生きる（テモテへの手紙一3・15）[6]。

第五項　霊性と行動は、不可分である。

主イエス・キリストは、「わたしの兄弟であるこの最も小さい者の一人にしたのは、わたしにしてくれたことなのである」と言われた（マタイによる福音書25・40）[7]。教会とイエス・キリストとの関係は、教会が「キリストの働きに従う」ことに基づいている。したがって、教会の霊性と行動は、分かつことができない。教会の祈りと具体的な行動は結びついており、行動は祈りの実践であり、祈りは行動の基礎である。教会の祈りと行動は、決して止むことがない（テサロニケの信徒への手紙5・17）[8]。

第六項　教会は、暗闇の時代にあって光の子である。

聖書は「夜は更け、日は近づいた」と告げている（ローマの信徒への手紙13・12）[9]。教会がこの世に存在する目的は、まさに、この暗闇と来るべき日のはざまにおいて、命あふれる証人となること――すなわち、絶望のあるところに希望をもたらし、不正のあるところで正義を擁護し、憎しみのあるところに愛を広め、虚偽のあるところに真理を追求し、傷つき痛むところを包み癒し、暴力のあるところで犠牲をいとわないことである。教会は神の国を待ち望み、その到来のために祈る。教会は、力の限り、神が人間に賜った尊厳と自由を擁護し、生命を守り、香港人と共に歩み続け、平等・正義・愛という神の国の価値を香港において具体的に示さねばならない。

注

（1）新約聖書・マルコによる福音書1・1「神の子イエス・キリストの福音の初め」。

（2）新約聖書・エフェソの信徒への手紙1・23「教会はキリストの体であり、すべてにおいてすべてを満たしている方の満ちておられる場です」。

（3）新約聖書・マタイによる福音書6・24「だれも、二人の主人に仕えることはできない。一方を憎んで他方を愛するか、一方に親しんで他方を軽んじるか、どちらかである。あなたがたは、神と富とに仕えることはできない」。

（4）旧約聖書・出エジプト記20・3。

（5）新約聖書・マタイによる福音書5・13–16「あなたがたは地の塩である。だが、塩に塩気がなくなれば、その塩は何によって塩味が付けられよう。もはや、何の役にも立たず、外に投げ捨てられ、人々に踏みつけられるだけである。あなたがたは世の光である。山の上にある町は、隠れることができない。また、ともし火をともして升の下に置く者はいない。燭台の上に置く。そうすれば、家の中のものすべてを照らすのである。そのように、あなたがたの光を人々の前に輝かしなさい。人々が、あなたがたの立派な行いを見て、あなたがたの天の父をあがめるようになるためである」。

（6）新約聖書・テモテへの手紙一3・15「神の家とは、真理の柱であり土台である生ける神の教会です」。

（7）新約聖書・マタイによる福音書25・34–40「『さあ、わたしの父に祝福された人たち、天地創造の時からお前たちのために用意されている国を受け継ぎなさい。お前たちは、わたしが飢えていたときに食べさせ、のどが渇いていたときに飲ませ、旅をしていたときに宿を貸し、裸のときに着せ、病気のときに見舞い、牢にいたときに訪ねてくれたからだ』。すると、正しい人たちが王に答える。『主よ、いつわたしたちは、飢えておられるのを見て食べ物を差し上げ、のどが渇いておられるのを見て飲み物を差し上げたでしょうか。いつ、旅をしておられるのを見てお宿を貸し、裸でおられるのを見てお着せしたでしょうか。いつ、病気をなさったり、牢におられたりするのを見て、お訪ねしたでしょうか』。そこで、王は答える。『はっきり言っておく。わたしの兄弟であるこの最も小さい者の一人にしたのは、わたしにしてくれたことなのである』」。

（8）新約聖書・テサロニケの信徒への手紙一5・16–18「いつも喜んでいなさい。絶えず祈りなさい。どんなことにも感謝しなさい。これこそ、キリスト・イエスにおいて、神があなたがたに望んでおられることです」。

（9）新約聖書・ローマの信徒への手紙13・11–12「更に、あなたがたは今がどんな時であるかを知っています。あなたがたが眠りから覚めるべき時が既に来ています。今や、わたしたちが信仰に入ったころよりも、救いは近づいているからです。夜は更け、日は近づいた。だから、闇の行いを脱ぎ捨てて光の武具を身に着けましょう」。

《香港 2020 福音宣言》

1
耶穌基督正是福音本身。

耶穌基督是彌賽亞君王，是福音的根源（可1:1）。這福音關乎上帝的國度臨格，戰勝罪惡不義的黑暗權勢，從而改變世界的一切。因此，福音不純粹關乎個人死後的靈魂得救，它更關乎上帝國的降臨，除滅世界的黑暗，扭轉邪惡的權勢；同時，這福音也展現對現世生命的關愛、醫治與守護，牽涉人類生命的政治解放與社會關懷，是具體的、行動的、整全的。

2
唯獨耶穌基督是教會群體的主。

教會是基督的身體，連於元首基督，是那充滿萬有者所充滿的（弗1:23）。因此教會最終只順服和效忠天國的君王—彌賽亞，而不是地上任何政治經濟的執政及掌權者。教會也不應依靠世上任何權勢而存活，更不應被其支配主宰；當以史為鑒，棄絕一切偶像，尤其在以經濟發展大於一切的香港社會。謹記並活現耶穌的教導：「不能又事奉上帝，又事奉瑪門。」以及十誡的首訓：「除了我以外，不可有別的上帝。」認定除主基督以外，別無拯救。

3
教會是傳揚福音的見證群體。

教會作為耶穌基督奧秘的身體，在地上成為耶穌基督現世的真實見證（太5:13-16）。因此，教會不應貪求自己的內部發展，貪圖穩定、安逸與富足。作為跟隨基督的群體，教會學效耶穌基督的榜樣，與貧窮人在一起，與受壓迫者同行，向困苦者施予援手，無懼邪惡權勢的苦害和十字架的受難，以行動跟隨耶穌基督的榜樣。

4
教會為真理的柱石和根基，拒絕謊言、堅守真理。

面對扭曲真相、操控媒體、埋沒真理的極權政治，教會拒絕一切的謊言，勇敢地指出政權的不是。雖然教會自己不是真理本身，但她憑着無偽的良心，堅持耶穌基督的聖道，隨時聆聽聖靈的聲音，謙卑地不斷更新自己，辨別真相、活出真理（提前3:15）。

5
靈性與行動不可分割。

主基督說：「這些事你們既做在我這弟兄中一個最小的身上，就是做在我身上了。」（太25:40）。教會與耶穌基督的關係建基於跟隨基督的行動。因此，教會的靈性與行動從不分割。教會的禱告與行動結合：行動是禱告的實踐，禱告是行動的基礎。教會的禱告與行動從不停止（帖前5:17）。

6
教會在黑暗的時代中作光明之子。

聖經說：「黑夜已深，白晝將近」（羅13:12）。教會在世上存在的目的，正是在這黑暗與白晝之間作生命的見證：在絕望之處播下盼望、在不義的社會維護公義、在仇恨之中散播關愛、在虛謊之中尋求真理、在傷痛之處包紮醫治、在暴力的世代甘作犧牲。教會期盼及祈求上帝國的實現。我們竭力維護上帝賜人的尊嚴與自由，守護生命，與香港人同行，在香港社會體現平等、公義、互愛的上帝國度。

付属文書

1 「神の国」の福音(1)——個人の魂の救いだけでよいのか

イエス・キリストは、世界に福音をもたらしてくださった。「香港２０２０福音宣言」（以下「福音宣言」）第一項が指摘するように、この福音は、**「神の国の到来と現臨」**を宣言するものである。

過去二世紀にわたり、華人教会の多くの人々は、死後における個人の「永遠の命に至る裁き」か「永遠に至るの裁き」という観点から、福音を理解してきた。こうした人々は、「福音とは、罪人がイエスの死と復活を通して、いかにして罪に対する永遠の裁きから免れ、永遠の命を得るに至るか、その方法に関するもの」と考えてきた。

しかし、このような理解の仕方では、我々は、キリスト信仰の救済を、恵みの受領者という点から、特に宇宙的かつ絶対的な道徳律の前での個人の無力と、死後の裁きにおいて免れ得ない苦しみという点からのみ、論じることになってしまう。そこでの最も重要な関心事は、個人の道徳的事柄、また個人の死後の運命に関する事柄に限られてしまい、被造世界や人類社会について、なかでも政治・経済の状況といった個人を超えた事柄については、軽視される。

しかしながら聖書は、このように軽視されがちな、公共性を帯びた事柄をこそ、むしろ非常に重視している。「福音宣言」第一項が、まさに指摘しているように、**「この福音は、神の国の到来と現臨、また罪と悪の闇の力に対する勝利を宣言し、それによって世界のすべてのものに変革をもたらす」**のである。

また「福音宣言」は、福音とは、神の国がイエス・キリストを通してすでにこの世に到来しているという「良き知らせ」であることに触れている。この良き知らせは、世の邪悪な闇の力はすでに打ち負かされており、被造世界は三位一体の神が今も継続しておられる救いの御業の中で自由を得つつある、と指摘している。「福音宣言」第一項が、「**この福音は……御国の到来、世の闇の根絶、悪の権威の打倒に関するものである**」と述べているのは、このことである。

この良き知らせは、罪人個々人に対する裁きと報いを含んではいるが、そこで最も重視されている関心事は、第一に、イエスのメシア（キリスト）としての身分と職務、第二に、キリストの受難と復活による、闇の力の支配からの被造世界の救済、第三に、創造の秩序において本来示されていた善と正義の回復、第四に、キリストと聖霊による被造世界のすべてのものの再生、第五に、新しい天と新しい地の完成である。

従来の福音理解では、聖書の壮大な物語の、個々の罪人の道徳的葛藤に対する役割ばかりに関心が集中していた。それに対して、「福音宣言」の福音理解は、三位一体なる神の世界救済の御業の中に個々人を位置づけ、その御業を教会の諸々の働き、特に政治に関する教会の誠実さと証しの土台とする、という聖書そのものの主題を回復させようとしている。

また、従来の福音理解では、キリスト者の個人的生活からイエスの主権を理解し、イエスが我々個々人の救い主であり、命の主であるという点ばかりを強調してきた。しかし、このような考え方は、無意識のうちにイエスの主権を個人的活動領域の中だけに限定し、イエスの公的領域における主権を大幅に矮小化してきた。聖書が示している信仰に基づくならば、死より復活されたイエスは天国の王、救い主《メシア》であり、父なる神より天と地の一切の権能を授かり、今も権能を持っておられる。そして、イエス・キリストは単に信徒個人の生活領域においてだけでなく、全世界の国々においても権能を持っておられる。「**教会は、最終的には、地上のいかなる政治的・経済的支配者や権力者に服従するにもまして、天の御国の王であり救い主であるキリストのみに服従し、忠実でなければならない**」（「福音宣言」第二項）のである。

救い主であるイエスが呼び集められたご自分の民とは、教会に他ならない。教会は、イエス・キリストに結び合わされて、キリストと共に死に、キリストと共に生き、キリストの死と復活、また苦難と栄光を分かち合う。この世がキリストに対して未だ忠実でない時、教会はそれに先立ってキリストに対して忠実であり、キリストに倣い、キリストが命じられることを実行する。

　神の国の福音は、政治的批判性をも含んでいる。それは、教会が地上の政治権力に忠誠を誓うことを拒否する、という点に現れる。**「特に、経済発展が他のあらゆることよりも優先されてしまいがちな香港社会において、教会は歴史を鑑とし、すべての偶像を拒否しなければならない」**（「福音宣言」第二項）のである。地上の政治権力に対する教会の諸々の応答は、政治権力に対する執り成しの祈りや、一定の服従を含むが、いずれにおいても、まず何よりも王であるイエス・キリストがその主権において命じられるところ従わねばならない。**「イエス・キリストこそ、教会の唯一の主」**（「福音宣言」第二項）だからである。

2　「神の国」の福音(2)——その社会・政治との関係

　イエスは、近寄って来て言われた。「わたしは天と地の一切の権能を授かっている。だから、あなたがたは行って、すべての民をわたしの弟子にしなさい。彼らに父と子と聖霊の名によって洗礼を授け、あなたがたに命じておいたことをすべて守るように教えなさい。わたしは世の終わりまで、いつもあなたがたと共にいる」（マタイによる福音書28・18－20）。

　キリスト者は、福音を宣べ伝える。福音とは、「天と地の一切の権能」を持っておられるキリストが共にいてくださる、という良き知らせにほかならない。また、福音を宣べ伝えるとは、すべての民に対して、すでに神の国がこの地上に到来していることを告知し、悔い改めて神の国に入るように勧め、キリストの教えを守り、神の御心をこの地上において成就させることである。キリストの権能は、「すべての支配、権威、勢力、主権の上に置」かれ、「今の世ばかりでなく、来るべき世にも唱えられるあらゆる名の上に置かれ」ている（エフェソの信徒への手紙1・21）[1]。地上の政治権力は、キリストに仕える僕《しもべ》にしか過ぎず、キリストから権威を託されて、人々を治め、悪を行う者を恐れさせ、社会の秩序を維持するのである（ローマの信徒への手紙13・1－4）[2]。

　福音の対象は「すべての民」であるが、しかし地上の政治権力が、福音を宣べ伝えることを阻む場合がある。使徒の時代、政治権力は教会が福音を宣べ伝えることを許さなかったが、使徒たちは、政治権力よりも高い権能を持っておられるキリストに従うことを選び、政治権力に聞き従うことを拒否した（使徒言行録4・19－20）[3]。福音を伝えるために召し出されたパウロは、信徒たちに「そこで、まず第一に勧めます。願いと祈りと執り成しと感謝とをすべての人々のためにささげなさい」と命じ、続いて「王たちやすべての高官のためにもささげ」るように命じている。そして、それは「わたしたちが常に信心と品位を保ち、平穏で落ち着いた生活を送るため」であり、福音が広く伝えられることで、「すべての人々が救われて真理を知るようになる」ためである、と述べている（テモテへの手紙一2・1－4）[4]。

　このように、福音の使命は、地上の政治権力にも及ぶものである。したがって、教会は、キリストの権能が政治権力以上のものであることを、政治権力に知らしめる必要がある。また教会は、政治権力に対して、キリストが政治権力に託された「悪を行う者を処罰し、善を行う者をほめる」[5]務めと「秩序維持」の務めを良く果たし、教会が地上において福音を宣べ伝えるのを許可するよう、喚起しなければならない。そうすることにより、社会には良き法治が根付き、宗教や言論の自由が擁護され、人権や真実が尊重される。これらはいずれも、福音と関係がある事柄である。福音のゆえにこそ、教会は人々と政治権力に対して、こうした社会を築くべきことを促さねばならない。

さらに福音は、神の国が地上に到来したという「良き知らせ」である。その恵みは全被造世界に及んでおり、キリストの救いは、罪の影響を受けていた魂と肉体、個人と社会を含むあらゆるものを再生させる。福音は、確かに魂の悔い改めと再生に関するものではあるが、肉体の癒しや充足、共同体の和解や相互愛、社会的な平和と正義、そして全被造物同士の和解をも含んでいる。教会は、この福音を証しするとき、これらの事柄における政治権力の働きにも関心を払わねばならない。これこそが、教会が社会的配慮や政治的行動に参与する際の基本であり、また方向性である。

3　政教分離とは何か

大多数の香港教会が、「政教分離」を主張する。この概念を支持すること自体は、元より問題とはならない。むしろ問題は、この概念に対する多くのキリスト者たちの理解が、部分的であったり不正確であったりすることだ。

「政教分離」とは「政治と教会（あるいは宗教）の分離」[6]である、と理解している人が少なくない。そして、そのような理解を、教会が政治を語らないことの神学的根拠とし、はなはだしきに至っては、教会が政治に参与することは本来的な務めではないと考えたり、キリストが福音を宣べ伝えるようにと教会を召し出された、その使命に背いていると考えたりする人もいる。そうした人々は、教会が混乱したこの世界にあって果たすべき唯一の使命は、「罪人の魂が救われて天国に行く」という福音を伝えることだけである、と固く信じている。香港の社会的矛盾がますます悪化している近年、教会は政治に対して、ますます恐れの感情を抱くようになり、政治が教会に分裂をもたらすのではないかと心配し、政治とさらに距離をとるようになっている。

実際には、教会の長き歴史において、教会と政治権力の間には常に複雑な関係があり、教会が政治と無縁であるというのは、あり得ないことだった。初代教会の信者が神への信仰のゆえに殉教した出来事は、単に信仰的領域の事柄というだけでなく、政教関係の問題における一種の政治的態度表明に関する事柄でもあった。コンスタンティヌス帝[7]の即位後、キリスト教は国教と似たような地位を付与され、ここから「政教一致」の時代が始まった。以上のことから分かるように、「政教一致」の「政」は、「政治権力」を指すものである。

こうした「政治権力と教会の一致」の関係においては、教会は自ずと政治権力に利用され易くなり、はなはだしきに至っては、政治権力に忠実であることが教会存在の条件となり、政治権力と教会が相互に結託するという危機的状況も生じるようになった。中世の教会の歴史を読むだけでも、こうした「政教一致」による悪しき結果が、どのようなものであったかは明らかだ。

少し考えれば分かることだが、今日、多くの香港教会が政治権力に対する服従や忠誠を過度に声高に主張するのも、ある意味、信仰を著しく政治化したやり方ではなかろうか。それは、歴史の同じ轍を踏むことになりはしないだろうか。

宗教改革者が主張した「政教分離」の考えは、まさにこうした「政教一致」の問題に対峙するところから生まれてきた。ルター[8]が述べた「政教分離」の考えは、「政治権力と教会の分離」[9]と理解すべきであり、決して「政治と教会の分離」ではない。事実、ルターとカルヴァン[10]のいずれもが、政治もまた、信仰者が神からの委託を受けて果たすべき、この世での使命である、と考えていた。

そうした中で、再洗礼派[11]（アナバプテスト派）は一連の宗教改革運動に失望を覚え、当時のプロテスタント主流派の「政教分離」が実践において不十分であると考え、徹底した「政教分離」を主張した。彼らは、「宗教（信教）の自由」を堅く守ること、また政府は教会に対していかなる干渉もしてはならことを訴え、「自由教会」

(free church)[12]となるべく、懸命に努力した。再洗礼派は、この世における政治権力の存在意義を認めてはいたが、キリスト者が政府のために仕事をすることには反対した。というのも、政府の働きにおいては、「剣の権能」[13]を用いた事柄に巻き込まれるのを免れ得ない、と考えたからである。再洗礼派のこうした徹底した「政教分離」に関する考えは、今日の香港の福音派諸教会（例えば、バプテスト教会〔浸信会〕、アライアンス教会〔宣道会〕、福音自由教会〔播道会〕）に一定の影響を与えている。

「政教分離」の考え方に対するもう一つの影響は、アメリカのファンダメンタリスト（原理主義者）に由来するものである。ファンダメンタリストはリベラルな神学を敵と見做したため、リベラルな神学から派生したと見做された「社会的福音」[14]に傾倒したグループは、ファンダメンタリストたちの激しい批判対象となった。ファンダメンタリストが声高に主張している「政教分離」は、「政治と教会の分離」という主張に等しいものである。華人教会においてもっとも典型的なファンダメンタリストは、王明道《おうめいどう》[15]や倪柝聲《げいたくせい》[16]（ウォッチマン・ニー）などである。彼らは、一世代前の華人教会（特に福音派諸教会）の信徒にとって、まさに信仰的な模範であった。華人教会は、一方では、こうしたファンダメンタリストの「政教分離」に対する考え方の影響を大きく受け、他方では、社会的福音の一派とレッテルを貼られることを恐れたため、できるだけ教会が社会や政治の事柄に関わらないようにしてきた。

しかし、孫文[17]も「政治とは人々を治めることである」と述べている通り、信仰の角度から見るならば、神は人間に対して、家を管理する働き、また大地を治める働きを委ねておられるのであり、これこそが「人々を治めること」に他ならない。「家を管理する務め」、これこそ神が我々に委託してくださっている政治の務めである、と考えられるのではなかろうか。

福音を証しする使命は、政治に参与し、社会に関心を払うことと必然的に対立するものなのだろうか。

１９７４年、ジョン・ストット[18]とビリー・グラハム[19]のリーダーシップの下、第一回ローザンヌ会議[20]が開催されたが、そこで起草された「ローザンヌ誓約」（The Lausanne Covenant）も、２０１０年開催の第三回ローザンヌ会議で発表された「ケープタウン決意表明」（The Capetown Commitment）も、全包括的な福音が、政治や社会に対する教会の配慮や参与を含んでいるという点を、全面的に肯定している。

神学者ユルゲン・モルトマン[21]は、「教会が、社会において『非政治的』（unpolitically）に存在することはできないのと同じように、神学もまた、政治と無関係に、単に教会の神学であることはできない」と的確に述べている[22]。教会が宣べ伝えているのは、「神がこの世において、権能を持っておられる」という「神の国」の福音であるのだから、そこで言われている「国」（kingdom）とは本来、公共性と政治性を帯びた概念であり、したがって、教会も本来は一つの政治的な実体を帯びた存在なのである。他の政治的存在と異なる点があるとすれば、それは、教会は神によって召し出され、この世とは「区別された」存在であり、この世に属するものではないが、この世において「神の国」の政治倫理（「山上の説教」の如き）を実践する類の政治的存在である、というだけである。

教会は、「政教分離」の原則を支持し続けるべきである。しかし、それは「政治権力と教会の分離」であって、「政治と教会の分離」ではない。

4　政治権力に対する服従と抵抗

セントラル占拠運動[23]が提起されてから「逃亡犯条例」改正反対運動に至るまで、「服従」と「抵抗」をめぐる問題が議論されている。キリスト者の中には、「権力者への服従」は、キリスト者の政治参与に関する聖書のもっとも重要な教えである、と考える者がいる（テトスへの手紙３・１、ローマの信徒への手紙13・１、ペテロの手紙一２・13等）[24]。さらにそうした人々の中には、社会的抵抗運動への参与に関して、単に権力者を批判することだけでも、それは権力者への不服順であり、しかも聖書の真理に反している、と考える者さえいる。

　しかし、聖書は、決して権力者への無条件の服従を説いているわけではなく、むしろ、権力者の命令が神の命令と衝突する場合には、「人間に従うよりも、神に従わなくてはなりません」（使徒言行録5・29[25]）、と教えている。なんといっても、我々は、「神のものとなった民」（ペテロの手紙一2・9[26]）であり、「本国は天にあり」（フィリピの信徒への手紙3・20[27]）、「聖なる民に属する者」（エフェソの信徒への手紙2・19[28]）であることを忘れてはならない。使徒パウロは、地上を統治するあらゆる権威は神に由来すると指摘し（ローマの信徒への手紙13・1[29]）、権力者を「神に仕える者（神の僕《しもべ》）」（ローマの信徒への手紙13・4、6[30]）と形容し、また政治権力を決して神聖化してはならない、と述べている。逆に、権力者は神から権威を託されている僕にしか過ぎないのだから、政府の権力は必然的に有限なものであり、その権力の運用は、必ず神に対して責任を負い、神の裁きを受けるものである。

　また、聖書が、政治的権力者の働きを、「悪を行う者を処罰し、善を行う者をほめる」こと（ペテロの手紙一2・13－14[31]）、また悪を行う者を「恐れ」されること（ローマの信徒への手紙13・3－4[32]）、と表現しているのにも、留意しなければならない。言い換えるならば、権力者は当然、社会正義を擁護しなければならない、ということである。もし権力者が社会正義を擁護せず、かえって悪を行う者をほめ、善を行う者を処罰し、善を行う者を恐れさせるようなことがあれば、それは神の委託に背いていることではなかろうか。キリスト者は、それでも権力者に服従しなければならないのだろうか。

　この点について聖書には簡明な指示がなく、さまざまな神学伝統が、それぞれに異なる見解を示している。ある一つの神学伝統は、政府の権力は神に由来し、世俗領域は自主性を有しており、政府が越権行為をして信仰的領域に干渉しない限りは、キリスト者は権力に服従し、忍耐しつつ神の裁きに委ねて待つべきである、と考える。また別のある神学伝統は、政府は世俗領域においても神の律法を遵守すべきであり、もし政府がそれに違反するならば、キリスト者は政府を諫めたり、やむを得ない場合には政府に抵抗する責任がある、と考える。

聖書は権力者に服従することを教えるだけでなく、我々が権力者のために祈らなければならないことをも教えている（テモテへの手紙一２・１－２）[33]。まさに「香港２０２０福音宣言」（第五項）が指摘しているように、「教会の祈りは具体的な行動と結びついて」いる。もし教会が真剣に祈るならば、それに応じて行動しないわけにはいかなくなるはずである。もし教会が、「権力者が正義の政治を行い、悪を行う者を処罰し、善を行う者をほめ、貧しき者・病める者・老いた者・弱き者を顧みるように」と祈り、そして力を尽くして行動し、この世における神の業に参与するならば、祈りの内容を一日も早く実現させられるだろう。

福音は、「神の国の到来と現臨、罪と悪の闇の力に対する勝利、世界のすべてのものに変革をもたらす」（「福音宣言」第一項）ものなのだから、イエス・キリストに従い、神の国の福音を証しする群れである我々は、第一に、常に「主の祈り」をもって御国の到来と御心の成就を祈り[34]、第二に、正義・平和・愛という御国の価値を促進し、それらを人々の間に広めていくために積極的に行動し、第三に、事実を歪曲し、是と非を転倒させ、真理を埋没させ、人間性を踏みにじり、自由を抑圧し、弱き者を虐げ、命を束縛し、世界を破壊する、そのようなあらゆる悪の力を暴き、それに抵抗し、それを改善しなければならない。

悪の力に直面した時、歴史における賢人たちが採った方法は、それぞれに異なる。ある者は体制内で影響力を及すことで状況を新しく変えていくことを試み、ある者は体制外でさまざまな方法によって抵抗し、変革を促進することを試みた。いずれにせよ、我々は行動において、聖霊に依り頼み、信仰・希望・愛を堅く保たねばならず、また他のいかなる人をも悪魔のように見做してはならない。なぜならば、「わたしたちの戦いは、血肉を相手にするものではなく、支配と権威、暗闇の世界の支配者、天にいる悪の諸霊を相手にするもの」だからであり、我々がすべきことは、「邪悪な日によく抵抗し、すべてを成し遂げて、しっかりと立つことができるように、神の武具を身に着けること」だからである[35]。

注

（1）新約聖書・エフェソの信徒への手紙1・20－21「神は、この力をキリストに働かせて、キリストを死者の中から復活させ、天において御自分の右の座に着かせ、すべての支配、権威、勢力、主権の上に置き、今の世ばかりでなく、来るべき世にも唱えられるあらゆる名の上に置かれました」。

（2）新約聖書・ローマの信徒への手紙13・1－4「人は皆、上に立つ権威に従うべきです。神に由来しない権威はなく、今ある権威はすべて神によって立てられたものだからです。従って、権威に逆らう者は、神の定めに背くことになり、背く者は自分の身に裁きを招くでしょう。実際、支配者は、善を行う者にはそうではないが、悪を行う者には恐ろしい存在です。あなたは権威者を恐れないことを願っている。それなら、善を行いなさい。そうすれば、権威者からほめられるでしょう。権威者は、あなたに善を行わせるために、神に仕える者なのです。しかし、もし悪を行えば、恐れなければなりません。権威者はいたずらに剣を帯びているのではなく、神に仕える者として、悪を行う者に怒りをもって報いるのです」。

（3）新約聖書・使徒言行録4・19－20「しかし、〔使徒である〕ペトロとヨハネは答えた。『神に従わないであなたがたに従うことが、神の前に正しいかどうか、考えてください。わたしたちは、見たことや聞いたことを話さないではいられないのです』」。

（4）新約聖書・テモテへの手紙一2・1－4「そこで、まず第一に勧めます。願いと祈りと執り成しと感謝とをすべての人々のためにささげなさい。王たちやすべての高官のためにもささげなさい。わたしたちが常に信心と品位を保ち、平穏で落ち着いた生活を送るためです。これは、わたしたちの救い主である神の御前に良いことであり、喜ばれることです。神は、すべての人々が救われて真理を知るようになることを望んでおられます」。

（5）新約聖書・ペトロの手紙一2・13－14「主のために、すべて人間の立てた制度に従いなさい。それが、統治者としての皇帝であろうと、あるいは、悪を行う者を処罰し、善を行う者をほめるために、皇帝が派遣した総督であろうと、服従しなさい」。

（6）英語では“Separation of church/religion and politics”。

（7）コンスタンティヌス帝（4世紀初頭のローマ皇帝）　キリスト教を公認した「ミラノ勅令」（３１３年）を出した皇帝として知られている。

（8）マルティン・ルター（Martin Luther, 1483–1546） ドイツ出身の宗教改革者。ローマ・カトリック教会からの分離につながる宗教改革運動の立役者として知られる。

（9）英語では“separation of church and state”。

（10）ジャン・カルヴァン（Jean Calvin, 1509–64） フランス出身の宗教改革者。主にスイスで活躍。『キリスト教綱要』の著者として知られている。

（11）再洗礼派（アナバプテスト派）とは、教会改革運動を「徹底的に・急進的に（radical）」推進し、ローマ・カトリック教会やプロテスタント教会の主流派が実施していた「幼児洗礼」を否定し、成人になり信仰の確信をもったときに再び洗礼を受けること要求したことから付けられた名称。プロテスタント教会の主流派から区別して、「宗教改革急進派」（The Radical Reformation）と呼ばれる。

（12）「自由教会（free church）」とは、国家や政府からの支援・管理を受ける「国教会（state church）」に対して、それらかの独立・自治を主張する教会。

（13）「剣の権能」とは、一般に、戦争・処罰などを遂行する政治的権能を指す。

（14）社会的福音（Social Gospel）・キリスト教倫理を社会問題に適応する考え方。特に、アメリカの牧師・神学者、ウォルター・ラウシェンブッシュ（Walter Rauschenbusch, 1861–1918）が提唱したことで知られる。

（15）王明道（Wang Mingdao, 1900–91） 北京の自立教会「基督徒会堂」の伝道者。日中戦争期には日本の宗教政策に抵抗し続けて決して協力しなかったばかりか、１９４９年以降も中国共産党の宗教政策によって結成された中国基督教三自愛国運動委員会に加盟せず、20年間投獄された。倪柝聲、楊紹唐《ようしょうとう》と並んで、中国キリスト教の三大巨人とも称されている。

（16）倪柝聲（Ni Tuosheng, 1903–72）「聚會処」「地方教会」「小群（リトル・フロック）」など複数の名称で呼ばれる独自の教派を形成。１９５０年代以降、20年間投獄され、獄死。海外では、ウォッチマン・ニーの名前で知られている。

（17）孫文（1866–1925） 辛亥革命の立役者、初代中華民国臨時大総統。青年時代に洗礼を受けたキリスト者でもあった。

（18）ジョン・ストット（John R. Stott, 1921–2011） イギリス聖公会（国教会）の著名な牧師・神学者。

(19) ビリー・グラハム（Billy Graham, 1918–2018） アメリカの著名な牧師。大衆伝道者としてアメリカ国内をはじめ、世界180か国以上で伝道集会を開催。

(20) 正式名称は「ローザンヌ世界伝道国際会議」（The Lausanne Committee for World Evangelization）・世界の福音派諸教派による伝道会議。第1回会議は1974年にスイスのローザンヌ、第2回は1989年にフィリピンのマニラ、第3回は2010年に南アフリカのケープタウンで開催された。

(21) ユルゲン・モルトマン（Jürgen Moltmann, 1926–） ドイツの著名な神学者。「希望の神学」の提唱者として知られる。

(22) Jürgen Moltmann, *Creating a Just Future: The Politics of Peace and the Ethics of Creation in a Threatened World*, Philadelphia: SCM Press, 1989, p.26.

(23) 2013–14年にかけて計画・推進された、民主的な政治体制改革を香港政府・北京中央政府に対して要求する運動。改革案が受け入れられない場合には、香港の中心的金融街であるセントラル（中環）を占拠することを予告していた。

(24) 新約聖書・テトスへの手紙3・1「人々に、次のことを思い起こさせなさい。支配者や権威者に服し、これに従い、すべての善い業を行う用意がなければならない」。ローマの信徒への手紙13・1、ペテロの手紙一2・13は、注29および注31を参照。

(25) 新約聖書・使徒言行録5・27–29「彼らが使徒たちを引いて来て最高法院の中に立たせると、大祭司が尋問した。『あの名〔イエスの名〕によって教えてはならないと、厳しく命じておいたではないか。それなのに、お前たちはエルサレム中に自分の教えを広め、あの男（イエス）の血を流した責任を我々に負わせようとしている』。ペトロとほかの使徒たちは答えた。『人間に従うよりも、神に従わなくてはなりません』」。

(26) 新約聖書・ペトロの手紙一2・9「しかし、あなたがたは、選ばれた民、王の系統を引く祭司、聖なる国民、神のものとなった民です。それは、あなたがたを暗闇の中から驚くべき光の中へと招き入れてくださった方の力ある業を、あなたがたが広く伝えるためなのです」。

(27) 新約聖書・フィリピの信徒への手紙3・20「しかし、わたしたちの本国は天にあります。そこから主イエス・キリストが救い主として来られるのを、わたしたちは待っています」。

(28) 新約聖書・エフェソの信徒への手紙2・19－20「従って、あなたがたはもはや、外国人でも寄留者でもなく、聖なる民に属する者、神の家族であり、使徒や預言者という土台の上に建てられています」。

(29) 新約聖書・ローマの信徒への手紙13・1「人は皆、上に立つ権威に従うべきです。神に由来しない権威はなく、今ある権威はすべて神によって立てられたものだからです」。

(30) 新約聖書・ローマの信徒へ手紙13・4、6「権威者は、あなたに善を行わせるために、神に仕える者なのです。しかし、もし悪を行えば、恐れなければなりません。権威者はいたずらに剣を帯びているのではなく、神に仕える者として、悪を行う者に怒りをもって報いるのです。……あなたがたが貢を納めているのもそのためです。権威者は神に仕える者であり、そのことに励んでいるのです」。

(31) 新約聖書・ペトロの手紙2・13－14「主のために、すべて人間の立てた制度に従いなさい。それが、統治者としての皇帝であろうと、あるいは、悪を行う者を処罰し、善を行う者をほめるために、皇帝が派遣した総督であろうと、服従しなさい」。

(32) 新約聖書・ローマの信徒へ手紙13・3－4「実際、支配者は、善を行う者にはそうではないが、悪を行う者には恐ろしい存在です。あなたは権威者を恐れないことを願っている。それなら、善を行いなさい。そうすれば、権威者からほめられるでしょう。権威者は、あなたに善を行わせるために、神に仕える者なのです。しかし、もし悪を行えば、恐れなければなりません」。

(33) 新約聖書・テモテへの手紙一2・1－2「そこで、まず第一に勧めます。願いと祈りと執り成しと感謝とをすべての人々のためにささげなさい。王たちやすべての高官のためにもささげなさい。わたしたちが常に信心と品位を保ち、平穏で落ち着いた生活を送るためです」。

(34) 新約聖書・マタイによる福音書6・10「御国が来ますように」。

(35) 新約聖書・エフェソの信徒への手紙6・12－13。

深淵から呼び求める七日間の祈り

第一日目　恐れから平安へ

神よ、私たちは、確かに恐れと不安を感じています。

私たちは、これまで享受してきたさまざまな自由を失うことが怖いのです。話した一言の言葉、所有している一冊の本、壁に貼った一枚の標語などが理由となって、容易に処罰されることが怖いのです。恐怖のゆえに「自己規制」をしてしまい、あなたが私たちに与えてくださった自由を、自ら放棄してしまうことが怖いのです。さらに怖いのは、ある朝、恐怖のゆえに、かつて自分が嫌悪していたような人に自分自身が変わってしまっていることです。

あなたの御言葉と聖霊の力により、私たちをお助けください。私たちを一歩ずつ前へと導き、勇気をもって闇の力に向き合い、恐れに打ち勝つことができるようにしてください。神こそ私たちの光であり、救いであり、命の擁護者です。

私たちに天からの平安を与え、私たちがたとえ恐れと不安の中にあっても、知恵をもって状況をよく認識し、また判断し、真理を守ることができるようにしてください。主よ、この世が与える平安ではなく、あなたの平安をこの世に残してくださり[1]、感謝いたします。

主よ、あなたをほめたたえます。あなたが共にいてくださり、あなたが平安を与えてくださるので、私たちは再び怯えることがありません。どうか、安心をしてあなたの懐の中に入り、猛り狂うような嵐の中でも、信仰の鍛錬を経験することができますように。そうです、主よ、風や湖でさえ、あなたに聞き従うのですから、[2]私たちはもはや誰を恐れることがあるでしょうか。

主よ、あなたはいと高き方、また唯一の神であり、洪水の上にも御座を置かれます。[3]あなたの内にあって、平安は大河のように流れます。[4]あなたこそ私の岩、救い、砦の塔であられるので、私は決して動揺しません。[5]

アーメン

第二日目　失望から信仰へ

私たちの「信仰の創始者また完成者」[6]であられる主イエスよ、香港は近年、時代の大きな変化の中にあり、試練と暗闇の中にあります。私たちは自由と正義を勝ち取るために力を尽くして傘を掲げてきましたが、[7]大きな成果を上げることができないまま徒労に終わり、心は疲れ、意気消沈し、孤独を覚え、明るい展望を見出すことができません。

それでも、あなたこそ、私たちが依り頼むことができる唯一のお方です。どうか、「おびただしい雲のような証人たち」に、目を向けさせてください。真理を守り続けたあの信仰の先祖たちに、また、いっさいを惜しまず自由を勝ち取ろうとしてきた信仰の同志たちに、目を向けさせてください。そして私たちも、「すべての重荷や絡みつく罪をかなぐり捨てて、自分に定められている競走を忍耐強く走り抜く」ことができるようにしてください。[8]

荒波のような昨今の政治情勢下にあって、私たちの心は、まるで猛り狂う嵐に曝《さら》され、激しい豪雨に動揺しているかのようであり、深く落ち込んでいます。しかし、あなたは私たちが依り頼むことができるお方であり、私たちが顔を上げて、十字架上のあなたを仰ぎ見られるように助けてくださいます。たとえ、時勢を理解していないと他の人に嘲られようとも、私たちは前にある喜びを捨て、恥をもいとわないで、苦しみに直面するときも、苦難と罪人《つみびと》たちの反抗を耐え忍びます。[9]

主イエスよ、あなたこそ私たちの「信仰の創始者であり完成者であられる」と、告白いたします。どうか私たちに信仰を与え、あなたが玉座に座しておられる王であることを、信じさせてください。そして、この世の権力や法はやがて過ぎ去り、あなたが必ずおいでになり、この世を裁き、この世界を光で照らし、新たにしてくださることを、信じさせてください。

アーメン

第三日目　怒りから義憤へ

正義と慈しみの三位一体なる神よ。社会における不公正、言論の制限、虚偽の蔓延に対して、私たちは激しい怒りを感じています。しかし、あなたが私たちに、こうした怒りの感情を与えてくださったことを感謝いたします。私たちはその怒りの感情によって、社会における不正な事柄に目を向け、抑圧されている人々、また不正に扱われている人々に関心を向けねばならないことを、思い起こさせられます。

愛する天の父よ、どうかお助けください、私たちが旧約聖書の預言者たちに倣い、社会が抱える不正や弱き人々を虐げる制度を目の当たりにするときには、怒《いか》るべきことに対して怒ることができるように。

愛するイエス・キリストよ、どうかお助けください、私たちが、あなたが神殿を清められたときの心を模範とし、[10] 社会において排斥され、虐げられ、搾取されている人々を目の当たりにしたとき、また教会がこうした不正な行為に対して沈黙しているのを目の当たりにしたときには、怒るべきことに対して怒ることができるように。

愛する聖霊よ、どうかお助けください、私たちが怒ることがあっても、罪を犯すことがないように[11]。どうかお助けください、内面にある諸々の怒りを適切に処理することができるように、しかし必要以上に怒りを抑えたり隠したりすることなく、破壊的に怒りを発散させるようなこともないように。どうか、これらの怒りを「義憤」へと変えてください。悪しき怒りを、建設的な良き「義憤」へと変えてください。そして、どうかお助けください、私たちが暗闇と悪に直面するとき、それらに対してより一層、専心して力強く向き合い、より積極的な姿勢をもって、香港の現在の状況のために力を尽くすことができるように。

主キリストの名によって、祈ります。　アーメン

第四日目　無力さから力強さへ

主なる神よ、あなたの眼差しは、正しき人を顧みてくださいます。公正を行うとき[12]、たとえ四方から攻撃を受けようとも、私たちは恐れることはありません。なぜなら、主イエスが「体は殺しても、魂を殺すことのできない者どもを恐れるな」と、私たちを励ましてくださったからです[13]。主に対して忠実だった歴代の聖徒たちのことを思い起こします。彼らは苦難の歳月の中にあっても信仰を守り、地上の権威によって恐れに打ちのめされることなく、死に至るまで主に従い通しました。

主なる神よ、あなたは人々の心の思いにも、目を向けてくださいます。「一国二制度」の急変と社会の激動に直面し、私たちは無力さと憤りを感じるのみならず、人々の心が怯《おび》えきっているのを感じています。多くの理解しがたい不条理なことが起こっているのを目の当たりにしながらも、このように小さな一市民にしか過ぎない私たちは、それらに抗《あらが》うことができません。

主なる神よ、私たちに行くべき道を示し、力を与えてください。私たちは小さな力を振り絞り、是と非を転倒させたり、鹿を指して馬となしたりするような事実歪曲の現状に抗いたく願います。たとえ現実を変えることができなくとも、私たちは決して諦めることはしません。この地上と地上の民は、みなあなたに属するものだからです。「戦車を誇る者もあり、馬を誇る者もあるが、我らは、我らの神、主の御名を唱える」[14]、これこそ私たちの唯一の、そして究極的な拠り所です。

主よ、どうか私たちの呼び求める声をお聞きください。キリストの御名によって。

アーメン

第五日目　絶望から希望へ

主なる神よ、悲しみ嘆く私たちの声に耳を傾けてください。

私たちは、香港人が大切にしてきた価値観が蝕《むしば》まれ続けているのを目の当たりにし、さらには「一国二制度」が変質しつつあることを憂慮しています。ある学者は香港人の鬱々とした悲観的な感情を「憂鬱と絶望の極み」と表現していますが、実に多くの香港人が、すでに敗北感や無力感などの悲観的な集団心理に困惑させられ、将来に対して希望を抱くことができなくなっています。苦難は必ずしも死に至るわけではありませんが、しかし苦難によって命や生活に対して無感覚・無関心・冷笑的になり、そして諦めや絶望に陥ってしまいます。これこそが、死に至る末期症状です。しかし、私たちはそのような症状を患いたくありません。主よ、どうか私たちを顧みてください。

主イエスよ、私たちはあなたの十字架と復活の出来事を忘れることはありません。たとえ暗闇が依然として支配しており、私たちが将来を悲観したり絶望したりしたとしても、あなたの十字架と復活は、苦しみを担われた主であるあなたが復活の命によって私たちを生かし、私たちを絶望させることがないことを思い起こさせます。また、聖書も「わたしたちは、このような希望によって救われているのです。見えるものに対する希望は希望ではありません。現に見ているものをだれがなお望むでしょうか。わたしたちは、目に見えないものを望んでいるなら、忍耐して待ち望むのです[15]」と記しています。

主よ、私たちの霊性を鍛えて忍耐強くし、目に見えないものを待ち望めるようにしてください。それこそが、目の前の悲観的な現実に左右されることのない真の希望であり、また個人的な願望の成就ではなく、主であるあなたのあらゆる可能性に対して開かれている希望です。

信仰の創始者であり完成者である全能の主よ、現実において「不可能」と思える状況の中においても、私たちは深い忍耐をもって、あなたが与えてくださる「全く新しい可能性」を待ち望みます。私たちの忍耐と希望は、「最初のものは過ぎ去った……見よ、わたしは万物を新しくする[16]」という、終末におけるあなたの約束に基づいているからです。

勝利の主イエス・キリストの御名によって祈り願います。

アーメン

第六日目　傷つく者から愛する者へ

主なる神よ、私たちは深き淵からあなたを呼び求めます。どうか私たちの祈りに耳を傾け、私たちを顧みてください。

私たちはこの街を愛し、私たちの家族・友人・教会・同労者を愛しています。しかし、状況の変化に伴い、私たちの愛は鋭き刃物のようになり、私たちの心を突き刺します。私たちは、この街が「陥落」してしまい、家族・友人・教会同士が、政治的見解の相違のゆえに互いに傷つけあっているのを、目の当たりにしています。かつて共に歩んだ者が、今日は袂《たもと》を分かって離れ去ってしまい、私たちの心は深く傷ついています。

キリストよ、あなたは私たちのこうした心をご存じです。なぜなら、あなたは私たちを愛するために、あらゆる苦しみを受け、私たちのために命を捨てて十字架にかかってくださったお方だからです。

「わたしたちがまだ罪人であったとき、キリストがわたしたちのために死んでくださったことにより、神はわたしたちに対する愛を示されました[17]」と聖書の御言葉にあるように、実に私たちはあなたの愛に相応しくないにもかかわらず、それでもあなたは私たちを深く愛してくださっています。

私たちはこの街で、愛すること、愛されることを学び、傷つき苦しむときには、どのように忍耐し、どのように愛し続けるかを学びます。私たちが傷つくとき、どうか私たちに触れ、私たちを癒し、私たちをお守りください。あなたの愛が私たちの命の中に止めどなく湧き流れることで、初めて私たちは愛し続けることができるようになります。「わたしたちが愛するのは、神がまずわたしたちを愛してくださったからです[18]」と聖書の御言葉にもあるように、どうかあなたの愛で私たちを満たし、私たちがなおも愛することができるようにしてください。

アーメン

第七日目　目的喪失から召命の再発見へ

「この時にあたってあなた〔エステル〕が口を閉ざしているなら、ユダヤ人の解放と救済は他のところから起こり、あなた自身と父の家は滅ぼされるにちがいない。この時のためにこそ、あなたは王妃の位にまで達したのではないか[19]」。

主なる神よ、私たちが安穏とした生活の中で、自分の使命を忘れ、自分の役割を忘れ、そして人生の方向を見失っていたことを、どうぞお赦しください。私たちはさまざまな妨害や威嚇を受け、恐れの中で、この時代に主が私たちに与えてくださった使命を、自ら放棄しつつありました。

主なる神よ、この時代状況において自分自身が果たすべき役割を、明確に見究めさせてください。そして主のご計画に完全に従い、主の御心の内に自らの本分を尽くし、エステルのように勇敢に召命に応え、この時代に選ばれた群れの一人となることができますように。そして主が私たちに託してくださった使命に専心し、私たちの命が神の御国の命を現すものとなることができますように。

主なる神よ、私たちがいかなる状況にあっても、イエス・キリストの恵みを経験し、主に依り頼み、強く雄々しくあることができますように、力を与えてください[20]。イエス・キリストが十字架の上で現わしてくださった神の御力は、私たちが自らの弱さに勝利できることを告げ知らせています。神の恵みが私たちに十分であるからこそ、私たちは主に依り頼みつつ、強く立ち続けることができます[21]。

主なる神よ、私たちが主イエス・キリストによって与えられている賜物・身分・力を受け止め、私たちが神に属しており、罪悪に打ち勝っていること、また私たちの内におられる方は、世にいる者よりも強いことを悟らせてください[22]。どうか、従順な心を私たちに与え、あらゆる妨げを取り除き、主の命令と導きと御心とに喜んで応えることができるようにしてください。

主なる神よ、私たちにヴィジョンを与え、そのヴィジョンを確かなものとしてください。そして、あなたが相応しいとお考えになるとき、あなたが私たちに「今、あなたは立って、わたしがあなたに与えようとしている土地に行きなさい[23]」と語られていることを悟らせてください。私たちが神の御国の価値を現すことを喜びとし、主の御名に栄光を帰すことを、人生の目標とすることができるよう、どうかお導きください。

勝利の主、イエス・キリストの御名によって、祈ります。

アーメン

注

（1）新約聖書・ヨハネによる福音書14・27「わたし〔キリスト〕は、平和〔平安〕をあなたがたに残し、わたしの平和を与える。わたしはこれを、世が与えるように与えるのではない。心を騒がせるな。おびえるな」。

（2）新約聖書・マタイによる福音書8・26–27「イエスは言われた。『なぜ怖がるのか。信仰の薄い者たちよ』。そして、起き上がって風と湖とをお叱りになると、すっかり凪になった。人々は驚いて、『いったい、この方はどういう方なのだろう。風や湖さえも従うではないか』と言った」。

（3）旧約聖書・詩編29・10「主は洪水の上に御座をおく。とこしえの王として、主は御座をおく」。

（4）旧約聖書・イザヤ書66・12「主はこう言われる。見よ、わたしは彼女〔エルサレム〕に向けよう、平和〔平安〕を大河のように、国々の栄えを洪水の流れのように」。

（5）旧約聖書・詩編62・3（2）「神はわたしの岩、わたしの救い、砦の塔。わたしは動揺しない」。

（6）新約聖書・ヘブライ人への手紙12・2。

（7）２０１４年の雨傘運動を指す。

（8）新約聖書・ヘブライ人への手紙12・1「こういうわけで、わたしたちもまた、このようにおびただしい証人の群れに囲まれている以上、すべての重荷や絡みつく罪をかなぐり捨てて、自分に定められている競走を忍耐強く走り抜こうではありませんか」。

（9）新約聖書・ヘブライ人への手紙12・2–3「このイエスは、御自身の前にある喜びを捨て、恥をもいとわないで十字架の死を耐え忍び、神の玉座の右にお座りになったのです。あなたがたが、気力を失い疲れ果ててしまわないように、御自分に対する罪人たちのこのような反抗を忍耐された方のことを、よく考えなさい」。

（10）新約聖書・マタイによる福音書21・12–13「それから、イエスは神殿の境内に入り、そこで売り買いをしていた人々を皆追い出し、両替人の台や鳩を売る者の腰掛けを倒された。そして言われた。『こう書いてある。「わたしの家は、祈りの家と呼ばれるべきである」。ところが、あなたたちはそれを強盗の巣にしている』」。

（11）新約聖書・エフェソの信徒への手紙4・25–27「だから、偽りを捨て、それぞれ隣人に対して真実を語りなさい。わたしたちは、互いに体の一部なのです。怒ることがあっても、罪を犯してはなりません。日が暮れるまで怒ったままでいてはいけません。悪魔にすきを与えてはなりません」。

(12) 旧約聖書・箴言21・15「公正を行うことは、正しき者には喜び、悪事を働く者には滅び」〔聖書協会共同訳聖書〕。

(13) 新約聖書・マタイによる福音書10・26–28「人々を恐れてはならない。覆われているもので現されないものはなく、隠されているもので知られずに済むものはないからである。わたし〔イエス〕が暗闇であなたがたに言うことを、明るみで言いなさい。耳打ちされたことを、屋根の上で言い広めなさい。体は殺しても、魂を殺すことのできない者どもを恐れるな。むしろ、魂も体も地獄で滅ぼすことのできる方を恐れなさい」。

(14) 旧約聖書・詩編20・8(7)。

(15) 新約聖書・ローマの信徒への手紙8・24–25。

(16) 新約聖書・ヨハネの黙示録21・4–5。

(17) 新約聖書・ローマの信徒への手紙5・8。

(18) 新約聖書・ヨハネの手紙一4・19。

(19) 旧約聖書・エステル記4・14。

(20) 旧約聖書・ヨシュア記1・5–6「一生の間、あなた〔モーセの後継者ヨシュア〕の行く手に立ちはだかる者はないであろう。わたしはモーセと共にいたように、あなたと共にいる。あなたを見放すことも、見捨てることもない。強く、雄々しくあれ。あなたは、わたしが先祖たちに与えると誓った土地を、この民に継がせる者である」。

(21) 新約聖書・コリントの信徒への手紙二12・9–10「すると主は、『わたしの恵みはあなたに十分である。力は弱さの中でこそ十分に発揮されるのだ』と言われました。だから、キリストの力がわたし〔パウロ〕の内に宿るように、むしろ大いに喜んで自分の弱さを誇りましょう。それゆえ、わたしは弱さ、侮辱、窮乏、迫害、そして行き詰まりの状態にあっても、キリストのために満足しています。なぜなら、わたしは弱いときにこそ強いからです」。

(22) 新約聖書・ヨハネの手紙一4・4「子たちよ、あなたがたは神に属しており、偽預言者たちに打ち勝ちました。なぜなら、あなたがたの内におられる方は、世にいる者よりも強いからです」。

（23）旧約聖書・ヨシュア記1・1－2「主の僕モーセの死後、主はモーセの従者、ヌンの子ヨシュアに言われた。『わたしの僕モーセは死んだ。今、あなたはこの民すべてと共に立ってヨルダン川を渡り、わたしがイスラエルの人々に与えようとしている土地に行きなさい』」。

「逃亡犯条例」改正反対運動から「香港牧師ネットワーク」結成まで(1)

２０１９年５月、30名の牧師たちが署名付き声明で、「逃亡犯条例」改正（以下、「条例」改正）の撤回を政府に求め、「真理を守り、虚偽を拒絶する」ことを主張した。その後、複数の署名者で「香港キリスト教牧師署名準備委員会」を結成し、祈禱運動を展開し、祈りによって香港を見守ってきた。社会情勢が緊迫していた時期、彼らはデモ隊と警察の衝突の緩衝役となるため最前線に赴き、衝突現場で“Sing Hallelujah to the Lord”の歌声と祈りを絶やさず、香港人に道徳的・霊的な支援を提供してきた。

一連の運動に参与してきた二人の代表的な牧師、楊建強《ようけんきょう》(2)師と王少勇《おうしょうゆう》(3)師は、同準備委員会結成から「香港牧師ネットワーク」結成に至るまでの一年間におよぶ経緯を振り返り、教会が全体主義政権下にあっても、「神の国」の価値観を持ち続け、真理を語り続けると語った。

信仰的運動の次元から見た「条例」改正反対運動

楊建強　「条例」改正に対する教会内の反応を振り返ってみると、まず昨年（２０１９年）５月初めに３０００名を越す信徒や牧師たちが署名付き声明を発表し、「条例」改正に対する憂慮を表明した。同年５月末までには、香港社会の各界が相次いで「条例」改正反対の署名付き声明を発表するようになったが、我々２人を含む30名の牧師たちも短時間の内に署名付き声明(4)を発表し、この出来事に対する牧師としての考えを表明しようと考えた。

従来、牧師たちが政治的出来事に対して態度表明をすることは比較的少なかったにもかかわらず、８００名以上の牧師・神学教師が署名に加わったのは、香港の教会史上、初めてのことだった。この声明において、我々の立場をより明確に示し、「条例」改正を撤回するよう香港政府に改めて要求した。その際、特に「偽りを捨て、それぞれ隣人に対して真実を語りなさい[5]」という聖書の言葉を引用し、「虚偽を拒絶する」ことを強調した。

同年6月、当初の30名から多少の入れ替わりはあったが、有志の牧師たちは、署名付き声明の発表後も引き続き状況の変化に対応していくことを願い、「香港キリスト教牧師署名準備委員会」（以下、準備委員会）の名義で諸活動を準備計画した。我々は、署名付き声明を発表した際に掲げた「虚偽を拒絶する」という考えを継承し、6月9日のデモ行進[6]の前に「真理を守り、虚偽を拒絶する」を主題とする祈禱会を開催した。また同日夜には、香港政府本部庁舎の外で「捕らわれる恐れからの自由、香港の平安を求める」を主題とする祈禱会の開催を計画したが、予定していた祈禱会の場所に多くのデモ参加者が集合することを想定していなかったため、準備委員会は祈禱会開催の数時間前、タマール公園[7]の芝生に場所を移した。その頃は状況が目まぐるしく変化しており、多くのことは必ずしも周到に準備できるとは限らず、準備委員会の全員で検討することもできず、「皆が信頼し、支持してくれさえすれば、とにかく実行しよう」という方針を取らざるを得なかった。

香港のキリスト教メディア「時代論壇」のインタビューに答える王少勇師（左）と楊建強師（右）（「時代論壇」より、撮影：Elon Lau）。

王少勇　牧師たちの中から、「我々は信仰的運動という次元か

2019 年 6 月 9 日、「条例」改正反対の抗議デモに他の牧師たちと参加した王少勇師（最前列左から 2 番目)、と楊建強師（最前列右から 2 番目)。

ら政治的事柄を注視する必要があり、聖書に記されている神の国の価値観によって現在の公的な政策を評価すべきだ」と指摘する声があった。そこで準備委員会は、「キリスト者の最大公約数は祈りである」ということに思い至り、祈りによってすべてを始めることを決定した。

6月9日に１００万人の大規模な抗議デモがあったにもかかわらず、政府は予定通り6月12日に「条例」改正の第二読会を開催することを宣言し、社会が再び緊張したため、準備委員会は急遽、「72時間祈禱運動」の開催を呼びかけた。各方面に電話で連絡をとり、関係する奉仕者の手配をした後、準備委員会はすぐさま三日間連続の祈禱会を実行に移し、しかも一時間毎にフェイスブック・ページに祈禱文を掲載した。我々はこうした一連の経緯の中に、神の導きがあること、また神ご自身が参与してくださっているのを垣間見ることができた。

雨傘運動（２０１４年）でSing Hallelujahを歌った際に指摘されたこと

楊建強　２０１９年６月11日夜の祈禱会で、通常は散会の詩として歌われる“Sing Hallelujah to the Lord”[8]が９時間も連続で歌われ続け、その後、この歌は「条例」改正反対運動初期のテーマソングとなった。準備委員会はこのような出来事にまで発展するとは予想しておらず、事前にそのことを計画していたわけでもなかった。これらはすべて、神の御業だったとしか思えない。その時、祈禱会の現場では、キリスト教信者ではない多くの人たちまでもが、この歌を歌っていた。その後、さまざまな抗議デモの場面で、牧師が何かをするというよりも、青年たちが自発的にこの歌を歌うようになった。

王少勇　実は、２０１４年の雨傘運動の際、残念に思った出来事があった。当時、私は他の40名ほどの牧師たちとデモ隊と警察の間の緩衝役になろうとし、同じように“Sing Hallelujah to the Lord”を歌っていた。ところが、二小節目まで歌ったところで、デモ隊の中から「お前ら牧師たちが何の歌を歌ってやがるんだ。讃美歌を歌うなら教会に帰って歌えよ！」と汚い罵りの言葉がとんできた。このように、従来、非信者やネチズン[9]は、キリスト者は世離れしていると嘲笑い、信者を「イエス野郎」と蔑称していた。

ところが、それから数年が経ち、「条例」改正反対運動の中で、“Sing Hallelujah to the Lord”というたった一つの歌が、状況を大きく変えるようになった。この讃美歌がいったいどのような力を発揮し、何をもたらしたのか、それは説明しようのない不思議な出来事だった。

キリスト教信者であるか非信者であるかを問わず、みなが共に“Sing Hallelujah to the Lord”を歌うまでになった背景として、セントラル占拠運動の三勇士、戴耀廷《たいようてい》教授、朱耀明《しゅようめい》牧師、陳健民《ちんけんみん》教授たちによる「道備え」が一定程度あったと言える。彼らの裁判法廷での最終陳述、特に朱耀明牧師の「鐘を鳴らす者の言」（本書１２７頁参照）には、キリスト教文化の価値観が含意されていた。香港の多くの知識人、また意識の高い人は、戴教授や朱牧師たちを背後から支えているのはキリスト教信仰であり、その信仰のゆえに彼らが犠牲を払うことを厭わないでいるのだと理解するようになった。果たしてこうした姿を「浮世離れしている」、「イエス野郎」などと批判できるだろうかと、多くの人々のキリスト教に対する心情と考え方が変えられたのだ。

２０１９年6月12日当日、政府本部庁舎の門の前で朝禱会を開いた際、数十名の武装警官が防護盾をもって現場を警備していたが、本部庁舎の外にはすでに大勢のデモ隊が集まっていた。邢福増《けいふくぞう》（10）教授の説教の直後、デモ隊による道路占拠がすぐさま始まり、朝禱会は人混みの中で“Sing Hallelujah to the Lord”を歌いながら閉会した。その後、40名程の牧師たちが人間の鎖を作り、デモ隊と警官の間に立ちはだかった。

その時、通報を受けた警察官がメガホンを手にとり、「デモ隊の一部が大量のレンガを道路から掘り起して襲撃してくる疑いがある」と呼びかけたため、前線にいた警察はそれを聞いてすぐに装備を整え始めた。デモ隊もまた次々と傘を開き、千人近い人が波のように前線に押し寄せてきた。私と他の牧師たちは、さらに力を入れて隣同士で手をしっかり握り、皆で腕をあげて“Sing Hallelujah to the Lord”を歌った。数名の牧師たちがデモ隊と警察を説得しようと試み、現場にいた立法会議員の胡志偉《こしえい》氏も警官と対話を試み、最後にはデモ隊が傘を収め、前線の警察も装備を下ろした。

長期にわたる活動の中で、初めて衝突を回避させることができたその時のことは、実に深く心に刻まれている。

楊建強　数日間の祈禱運動の後、さまざまに異なる教派の牧師や信徒たちが、一緒に祈禱会に参加するようになった。またデモ隊も、牧師や信徒たちを受け入れ、あるいは認めるようになり、キリスト者に対する評価も変わった。これは牧師や信徒などキリスト者がこれまでしてきたことが、デモ隊や他の人々に評価されたということだ。

王少勇　確かに、牧師たちがしてきた行動、あるいは祈禱運動の中での祈りやメッセージなどによって、ある人々の意識が変えられ、聖書の教えによっても社会に関心を払えることを学んだ人々がいた。

牧師たちの「水になれ（be water）！」[11]

楊建強　２０１９年7月から9月にかけて、香港社会では、ほぼ毎週抗議活動やデモが行われていたが、こうした社会の動きとは対照的に、教会内の反応は全体として静まり返っていた。せいぜい一部の牧師が祈禱会を開催したり、政府に署名要望書を手渡したり、あるいは一部の信徒が政府本部市庁舎付近で祈禱会を開催したりしていた程度だ。

しかし、その期間、牧師たちは、どのように信仰的価値観をこうした社会運動に反映させるか、また単に抗議活動を行うだけではない、キリスト者ならではの運動への参与の仕方を考え続けていたのだった。牧師たちは皆、決して何の行動もしていなかったわけではなく、少し動きを緩めていただけであり、各自、柔軟かつ臨機応変に“be water”を展開していたのだ。私の教会も状況に応じて、会堂を市民の休憩の場として開放したり、また救護所を設置したりしていた。

王少勇　当初より、デモ隊と警察の間に割って入り緩衝役になろうとする牧師たちがいたが、7月21日が分水嶺となった。その日、上環[12]で衝突が発生した際、牧師たちが人間の鎖でデモ隊と警察の間を遮ろうとしていたが、二人の牧師が警察に押し倒されて負傷し、しかも牧師たちは「勇武派[13]」から邪魔者扱いされてしまった。それ以降、我々は運動への参与の仕方を変えることにし、小さなグループに分かれて活動することにした。

7月から9月にかけて、いくつかの教会が会堂を休憩所として開放し、準備委員会もフェイスブック上に関連情報をアップした。しかし後に、会堂を開放した教会[14]は、「邪教組織」だといった批判を受けることがあった。また、その頃には有志の牧師たちがテレグラム・グループを設け、人々の精神的ケアを行った。その他、10月から今年（２０２０年）６月にかけて、準備委員会は毎月「香港を見守る祈禱会」を開催し、揺れ動く不安な社会の雰囲気の中にあって、キリスト者も他の香港市民も祈りによって神を仰ぎ見るように励ました。

新しき時代にホリスティックな福音を新たに語りなおす

楊建強　過去一年間にしてきたことを振り返って、何も後悔することはない。実に信仰的運動とは、自分の力に頼るのではなく、神が権能を握っておられることを信じつつ、自分がなせることを尽くし、神がご自身の相応しき時に事を成就してくださると信じて委ねることだ。

王少勇　確かにその通りだが、その間、物事がうまく進まず、正直、腹立たしく思うようなこともあった。今年（２０２０年）５月26日に結成した香港牧師ネットワークが発表した「香港２０２０福音宣言」（以下「福音宣言」）だが、こうした宣言をまとめるという考えは、実は去年６月頃にはすでに考え始めており、香港の新しき時代に、全包括的《ホリスティック》（holistic）な福音[15]を新たに語り直したいと願っていた。しかし起草過程は一年にも及んでしまい、途中何度も修正を重ねた。一般にも分かるように、また国際的にも通用するように、といった要素に考慮しなければならず、さらには宣言起草委員と牧師ネットワークのメンバーは、皆それぞれに異なる教派背景をもっているため、共通認識を得るのに多くの労力を使わねばならず、私自身も疲れてしまうことが何度もあった。

しかし、実に「神のなされることは皆その時にかなって美しい[16]」と聖書にあるように、「福音宣言」を発表しようと考えていた当初の時期は必ずしても最善ではなかったのかもしれず、むしろ現在はちょうど国家安全維持法の施行を目前にしており、今日まで伸ばし伸ばしになっていたのも、神のよき御心だったのかもしれない。

楊建強　教会の福音理解が、教会が社会に応答する際の立場や表現形式を決定づける。「福音宣言」を発表することで、教会が福音の内容を明確に理解し、社会に応答する方法を自然と身に着けられるようにということを願っていた。「福音宣言」は、発表当初は「香港のバルメン宣言」と呼ばれたが、バルメン宣言は第二次世界大戦の時期にナチス政権下にあったドイツ告白教会が出した信仰宣言であり、全体主義政権に対抗する要素が強いものだったと言える。

王少勇　しかし、バルメン宣言との相違点は、香港の「福音宣言」は「ローザンヌ誓約」を継承しながら福音を解釈し、全包括的な信仰の道筋を描き出すことを願って起草されたものであり、決して政治宣言などではなく、必ずしもバルメン宣言の全体主義政権への対抗の要素を継承しているわけではない。

また、「福音宣言」の中では確かに全体主義政権の問題について触れているが、しかし信仰とは単に政権との関係に言及することだけではないので、それでは全包括的な福音とは言えない。「福音宣言」を起草する過程で、第四項の「虚偽を拒否し、真理を堅く守る」という文言を後から加えたのは、そのためだ。この主題は準備委員会の時から掲げてきたものだが、それは依然として現在の香港の状況と全体主義政権に向けられている。

「国家安全維持法」下において、教会の存在意義を問い直す

楊建強　香港版「国家安全維持法」が施行された場合、多くの教会が今後どのようにすべきかを考えねばならず、自己保全を図るか、それとも抵抗するかがキリスト教会における争点となることだろう。しかし、政治を完全に無視したり、逆に解放の神学のように「力づくの革命」を主張したりする両極端の立場は、香港のコンテキストに相応しくない。むしろ、教会は神の国の価値観を持っているのだから、社会の不正義に直面する際、教会には教会としての役割が必ずあるはずであり、「福音宣言」第五項にあるように、必ず教会的な行動が伴わねばならない。したがって、政権と向き合うことは避けがたい。

王少勇　教会は、国家安全維持法によって「壁際に追い込まれている」ような状況にある。中国の政治・法体

系における定義では、「政権」には政府も含まれているため、政府の役人を批判することも「政権転覆」と見なされる可能性がある。もし、ある牧師が個人のフェイスブックに香港政府の役人を批判する投稿を掲載した場合、それも「政権転覆」と見なされる可能性がある。

では、教会は政権が語ることに従順でなければいけないのか、あるいは神の国の価値観の理解に基づき、真実を語るべきなのか。真にイエス・キリストを主としようとする教会には、選択の余地はない。もし教会が活路を見出すために「安全」な状況下で歩んでいこうとするならば、実に多くのことにおいて膝を屈めなければならず、「限界線」はますます後退してしまう。教会は、こうした妥協の道を行くのか否かを選択しなければならない。

楊建強　教会が問わなければならないのは、「いかに存続するか」ではなく、「なぜ存在するのか」である。まず我々は、「教会はなぜ存在するか」を明らかにしなければならず、そうすることで、初めて「いかに存続するか」が分かるようになるはずだ。「いかに存続するか」は、政権が何らかの行動を起こした際、教会が自らを存続させるための反応を指すが、「なぜ存在するか」は、教会の本質が何であるか、神に属する群れはどうあるべきか、社会においてどのような役割があるかを問うことだ。今日の社会環境にあって、教会が自己保全の方法を探るだけでなく、神の国の価値観における「教会存在の意義」を見出すこと願っている。

最近、私が考えていることは、社会において、いかにして神の国の価値観を実践していくか、という点だ。これまでの一年間を見てみると、牧師たちの行動が低調であったり、或いは次第に後退したりしていた時は、社会において牧師の存在感はほとんどなくなってしまっていた。また牧師たちが謙遜な姿勢で、神の国の価値観を社会運動に投げかけたとしても、社会運動が分裂し、デモ参加者の間に争いが生じた時、キリスト信仰の価値観は何の役割も発揮することができないでいた。こうしたことを通して、何を投げかけることで社会がそれを認め、また神の国の価値観を香港に建て上げることができるのかを考えさせられてきた。

社会に最も必要な「悔い改め」と「公正な道理」

亂港傳道人搞「宣言」　分裂國家顛覆政權

宗教組織製「獨」片　涉違國安法

德國認信教會的《巴門宣言》
With The Barmen Declaration of the German Confession Church

◀▲▶播「獨」視頻於6月10日上載，香港國安法在7月1日凌晨實施，截至昨晚該條視頻仍然在網上流傳

在暴力的世代甘作犧牲
And sacrifice where there is violence

香港國安法實施，亂港分子轉入地下運作，包括向信仰群體滲透、洗腦，意圖策動分裂國家。《大公報》調查發現，基督教協進會前主席袁天佑，與現任中文大學神學院院長邢福增及多名「黃絲」傳道人及牧師，在黑暴期間組成香港基督教教牧聯署籌委會，發起所謂福音宣言。上月中宣言被製成視頻上載。該視頻兩次出現「光復」口號的黑旗，配上「改變世界、甘作犧牲」等旁白，截至昨日仍在網上運作未有下架。《大公報》將宣言視頻截圖交與全國港澳研究會副會長劉兆佳及資深大律師清洪查看，他們均直指涉觸犯香港國安法，視頻幕後的人員，若罪成可判囚三至十年。

大公報記者

劉兆佳：鼓動他人起義　煽動違法

圖令中「獨」者更積極勇猛

香港牧師ネットワークと「香港2020福音宣言」を非難する「大公報」（2020年7月7日）の新聞記事（同紙の電子版より）。

楊建強　香港社会が現在、最も必要としている神の国の価値観は、「悔い改め」だ。香港の核心的価値はもはや「自由」や「民主」ではなく、「お金」になってしまった。民主派と親中派のいずれを支持するかの背景には、結局はお金が関係しており、多くの人は生活のために親中派を支持し、若者たちは社会の経済格差のゆえに民主派を支持している。つまり、たとえ真に自由や民主を追い求めようとしても、それが大多数の人の核心的価値であるとは限らないのだ。さらには、国際上の力関係もお金に左右され、諸外国が追い求めている自由や民主も、お金によって脇に追いやられてしまうこともある。

香港社会は「悔い改め」という価値観を回復し、自分たちが追い求めているものが何であるのか、またどのような価値観に基づいて我々の社会の将来を築いていくのかを、改めて顧みなければならない。

王少勇　香港社会が最も必要としている価値観は「公正な道理」だと、私は考えている。「公平」や「正義」という言葉よりも、「公正な道理」のほうが世間一般には分かりやすいだろう。この一年間、香港は「鹿を指して馬となす」ような虚偽に満ちており、多くの人が「失踪」させられたり、「冤罪」で起訴されたりしても、政府は事件に疑わしい点はないと主張するだけで、調査のプロセスを透明化しようとしない。香港には不公正な事件が溢れている。政府は世俗の政府として、世俗の「公正な道理」の原則を保持するようにと願う。

現在の「香港牧師ネットワーク」は一年前に結成した準備委員会にとって代わるものだが、このネットワークを通して香港の牧師たちの声を外に届け続け、福音によって香港が直面する苦境と課題に応答し、困難な状況に対処し得る信仰的運動をリードし、各個教会・牧師・信徒に牧会上の支援を提供したい。

しかし、実は「福音宣言」への署名者数は必ずしも理想的とはいえず、昨年には８００名余りの牧師が署名付き声明に参加したのに比べ、「福音宣言」への現在の牧師の署名者数は５００名に満たない。「福音宣言」の内容に同意できないのか、あるいは何か他に政治的配慮があるのか、その理由は定かではない。それでも、「福音宣言」のパンフレットの購買者数は予想よりも多く、１００枚分を購入し信徒に配った教会もあるほどだ。

将来的には、牧師ネットワークが「福音宣言」について解説する講演会を企画したり、あるいは「福音宣言」のパンフレットをより多く提供することで、牧師たちに参考にしてもらい、また教会で信徒たちに配布してもらえるようにするなど、啓蒙活動を展開したりしていきたい。

編訳者注

２０１９年６月末、楊建強師と王少勇師は香港のキリスト教メディア「時代論壇」のインタビューに答えて、香港牧師ネットワークによる「香港２０２０福音宣言」の啓蒙活動に意気込みを見せていたが、香港国家安全維持法の施行後の２０２０年７月７日、香港の左派系（親中派）新聞の「大公報」と「文匯報」は、「福音宣言」が「信仰を持つ人々を洗脳し、国家分裂を策動するよう意図している」と批判した。さらに両紙は「『バルメン宣言』になぞらえて書かれた『香港２０２０福音宣言』の背後には、政権転覆の意図がある」と指摘し、同ネットワークを牽制している。また「大公報」は全国香港・マカオ研究会副会長・劉 兆佳《りゅうちょうか》と著名な弁護士・清洪《せいこう》の見解として、「宣言が香港国家安全維持法に抵触する恐れがあり、宣言の動画作成に携わった関係者は、有罪が確定した場合、3年から10年の刑となる可能性がある」とも報じている。

その後、「時代論壇」（同年8月14日付）では、王少勇師と楊建強師はそれぞれ教会の職を辞し、同年8月上旬に香港を離れたと報じられている。同じく宣言の起草者の一人だった陳恩明《ちんおんめい》牧師（基督教豊盛生命堂顧問）によると、同ネットワークは、当初の発起人・宣言起草者の20人はすでに解散し、新しい担当者の下でフェイスブックページの運用と祈禱会開催のみの活動を継続しているという。

王少勇師と楊建強師の2人が香港を離れた理由について、陳恩明師は「彼らが尾行、脅迫、警告を受けていたかなどは明らかではないが、名指しで批判されたことで、周辺の人たち、特に自分が仕える教会の群れにまで攻撃が向けられることを心配していたのではないか」と話す。さらに陳師は、「こうした状況は非常に深刻だ。長年にわたり献身的に教会に仕えてきた牧師たちがこれほどまでの圧力を受けなければならないというのは、突然のこと。しかし、こうした移民の動きが広がるのも理解できる」と、両師が香港を離れざるを得なかったことに理解を示した。

陳恩明師は、自身も含め「香港牧師ネットワーク」のメンバーは、それぞれに圧力を受けているが、「牧師たちは清き心と平安な心で状況に対処し、自ら混乱に陥らないようにし、善良な働き人であり続けるよう努力すべきであり、折り合いをつけようと妥協する必要はない」と、同労者たちを励ましている。

王少勇師と楊建強師の行方は明らかにされていない。「時代論壇」が２０２０年8月に両師と連絡を取り取材を試みた際には婉曲的な辞退の返事があったが、彼らの身辺は無事だという。香港の牧師たちが置かれている状況は確かに厳しいものがあるが、香港教会のある関係者は「現在のところ、こうした個別の事件以外には、宗教界全体に対する組織だった迫害はまだない」との見方を示している。

注

（1）香港のキリスト教新聞「時代論壇」２０２０年7月3日に掲載された記事を、文意を変えずに対話形式に編集しなおしたものである。

（2）楊建強（William Yeung Kin-keung, 1958–） 元カンバーランド長老教会禱臨堂牧師。２０２０年８月に香港を離れて海外に避難。

（3）王少勇（Wong Siu-yung, 1974–） 元基督教会活石堂（九龍堂）主任牧師。２０２０年８月に香港を離れて海外に避難。

（4）正式名称は、「香港政府による『逃亡犯条例』改正に対する香港キリスト教牧師連署声明」。

（5）新約聖書・エフェソの信徒への手紙４・25。

（6）６月９日のデモは、結果として１００万人規模の参加者となり、その翌週６月16日には２００万人規模のデモが行われた。

（7）香港政府本部庁舎の北側にある公園。

（8）１９７０年代にアメリカのリンダ・スタッセン・ベンジャミンがイースター（復活祭）のために作詞・作曲した讃美歌。日本語訳は、日本バプテスト連盟『新生讃美歌』35番に「主を賛美しよう」として収録されている。

（9）インターネット上で活動する人々。

（10）当時、香港中文大学・崇基学院神学院院長。

（11）ブルース・リーの名言に由来する運動の合言葉の一つ。柔軟かつ臨機応援に対応することを意味する。

（12）香港島の北岸の地域。

（13）平和的デモを行う穏健派に対して、暴力行為も辞さない強硬派は「勇武派」と呼ばれた。

（14）テレグラムは、ロシア人が開発した通信アプリ。やりとりが暗号化されるため、監視されにくいとして、「条例」改正反対運動の際に、デモ参加者たちの間で多く使用された。

（15）伝道活動と社会活動を二項対立的に考えるのではなく、全包括的（holistic）にキリスト教の福音宣教を理解する考え方。ここでは、特に１９７４年にスイスのローザンヌで開かれた第１回世界伝道国際会議で採択された「ローザンヌ誓約（The Lausanne Covenant）」で打ち出された理解を指している。

（15）旧約聖書・コヘレトの言葉３・11（口語訳聖書）。

「香港２０２０福音宣言」を読む

朝岡　勝

「香港２０２０福音宣言」の位置

２０２０年５月26日、「香港牧師ネットワーク」によって公にされた「香港２０２０福音宣言」（以下「福音宣言」）は、それ以前の二つの歴史的な信仰のことばを強く意識している。一つは「福音宣言」から遡ること86年前の１９３４年５月29日から31日、ヴッパータールのバルメン・ゲマルケ教会を会場に開かれた「ドイツ福音主義教会第一回告白教会会議」で採択された「バルメン宣言」[1]、いま一つは１９７４年７月、スイス、ローザンヌに世界の福音派諸教会が結集して開かれた「第一回ローザンヌ世界宣教会議」において、ジョン・ストット[2]が起草し、採択された「ローザンヌ誓約」[3]である。

「福音宣言」の起草者の一人である王少勇牧師によれば、「香港の『福音宣言』は『ローザンヌ誓約』を継承しながら福音を解釈し、全包括的な信仰の道筋を描き出すことを願って起草されたもの」（本書77頁参照）として、二つの文書のうち後者の継承をより強く意識していると説明される。

しかし「福音宣言」の形式、内容からすれば、そこには「バルメン宣言」の影響が濃厚であることは明瞭である。形式面で言えば「バルメン宣言」と同様に、「福音宣言」も全六項目からなっている。また各条項ではそれぞれに配置された聖句がその内容を規定している。これらもバルメン宣言の形式に準じたものと言えよう。

言うまでもなく、「バルメン宣言」はドイツ告白教会闘争が生み出した金字塔的な存在であり、信条史的に見ても、20世紀以降の世界の諸教会において生み出されてきた信仰告白文書に直接、間接を問わず多大な影響を与えて今日に至っている。特に東アジアの文脈においては、民主化闘争において教会が大きな役割を担った台湾や韓国において「バルメン宣言」の精神の継承がなされて来ており、とりわけ「１９７３韓国キリスト者宣言」[4]などは自覚的にバルメンの線を受け継いだものと言えよう。

　しかしながら、「バルメン宣言」を対国家、対政治権力の文脈だけで捉えることはできない。むしろ「バルメン宣言」の本質にあるキリストの主権、福音の全面的展開、教会の本質と使命、その奉仕の務めの宣言に注目する時、「福音宣言」との連続性は自ずと明らかになってくるであろう。

「香港２０２０福音宣言」の意義

　ここで「福音宣言」の意義を、ごく完結に四つの点にまとめておきたい。第一に、「福音宣言」が文字通り「福音」の宣言であるという点である。第一項は「イエス・キリストは救い主、王であり、そして福音の土台である」とし、「この福音は、神の国の到来と現臨、また罪と悪の闇の力に対する勝利を宣言し、それによって世界のすべてのものに変革をもたらす」、「この福音は、単に死後における個人の魂の救いだけに関するものではなく、御国の到来、世の闇の根絶、悪の権威の打倒に関するもの」であり、「全包括的なもの」と言われる。このような表現には、「ローザンヌ誓約」（１９７４年）から「ケープタウン決意表明」[5]（２０１０年）に至る福音派の福音理解が反映している。

　第二に、「福音宣言」が「教会」の宣言であるという点である。第二項で「教会は、最終的には、地上のいかなる政治的・経済的支配者や権力者に服従するにもまして、天の御国の王であり救い主であるキリストのみに服従し、忠実でなければならない」と言われることに始まって、「イエス・キリストと神秘的に結合された体としての教会は、この地上において、イエス・キリストの真の証人となる」（第三項）、「教会は、イエス・キリストに従う群れとして、その模範に倣い、貧しき者の中に住み、迫害される者と共に歩み、助けを必要とする者に手を差し伸べるべきであり、悪の力による迫害や十字架を背負う苦難を恐れるべきではない」（同）、「教会は……偽りなき良心をもってイエス・キリストの聖なる御言葉に従い、常に聖霊の声に耳を傾け、謙遜に自らを絶えず新たにし、事実を見究め、真理に生きる」（第四項）と続くように、宣言本文がことごとく「教会」を主語として語られている点は重要である。ここにはこの宣言の主体があくまでも「教会」であるという意識が濃厚に表れている。

第三に、「福音宣言」が「今、この時」の宣言であるという点である。第一項では「福音は、今ここにある世の命を配慮し、癒し、保護するもの」として「時」を意識し、第二項では「経済発展が他のあらゆることよりも優先されてしまいがちな香港社会」と自らの場を認識し、第六項では「教会がこの世に存在する目的は、まさに、この暗闇と来るべき日のはざまにおいて、命あふれる証人となること」であるとして、今の時を終末論的に受け取っているのである。ここに「福音宣言」の「バルメン宣言」との連続性を見ることができよう。「バルメン宣言」の正式名称は「ドイツ福音主義教会の今日の状況に対する神学的宣言」（傍点筆者）であり、そこでは「ルター派、改革派、合同派諸教会に属するわれわれは、今日、この事柄に関わる者として、共に語ることが許されるし、そうしなければならない」、「われわれは、自分たちのそれぞれ異なった信仰告白に今忠実であり、それを変えてはならないと欲するがゆえにこそ、沈黙することを許されない。われわれは、この共通の困窮と試練の時にあって、共通のことばを、その口に与えられていると信じるからである」と言い表されていた[6]。この「今、この時」の認識によって語り出された言葉であるところに、「香港２０２０福音宣言」（傍点筆者）の持つ重要な意義がある。

そして第四に、「福音宣言」が祈りと行動を促す宣言であるという点である。第五項は言う。「教会とイエス・

キリストの関係は、教会が『キリストの働きに従う』ことに結びついている。したがって、教会の霊性と行動は、分かつことができない。教会の祈りと具体的行動は結びついており、行動は祈りの実践であり、祈りは行動の基礎である」。また第六項では次のように宣言が締め括られる。「教会は神の国を待ち望み、その到来のために祈る。教会は、力の限り、神が人間に賜った尊厳と自由を擁護し、生命を守り、香港人と共に歩み続け、平等・正義・愛という神の国の価値を香港において具体的に示さねばならない」。ここにある祈りの姿勢は、諦めの悲観主義や行動を回避する言い訳の静寂主義ではなく、「われわれがキリスト者であるということは、今日ではただ二つのことにおいてのみ成り立つだろう。すなわち、祈ることと、人々の間で正義を行うことだ。キリスト教の事柄における思考・言辞・組織はすべて、この祈ること・正義を行うことから新しく生まれて来なければならない[7]」と語ったディートリッヒ・ボンヘッファー[8]の祈りに連なるものである。

前進への呼びかけ

バルメン宣言の起草者であったカール・バルト[9]は、戦後、次のように語った。「バルメンの何らかのロマン主義について私たちは語る時を持っていないし、何らかのバルメン正統主義にも、実際のところ興味はない。バルメンは、前進への呼びかけであった[10]」。このように私たちに求められているのは、「バルメン宣言」に留まり続けることではない。むしろ「バルメン宣言」が呼びかけるように、前進することである。そして香港の教会は今、まさにその呼びかけに呼応して、自らの言葉で福音を宣言し、その宣言によって困難な中を進もうとしている。

香港の地に主が建てられた教会が、そして香港を愛し、香港の教会に仕えるよう召された牧師たちが、文字通りいのちがけで発したこの福音の宣言に、私たち日本の教会も身体を張って応答し、連帯し、ともに心を合わせて祈り、行動する者でありたいと切に願う。

それとともに、私たち日本の教会もまた前進への呼びかけを受けているのではないだろうか。香港の状況は決して他人事ではない。私たち日本の教会こそ、目覚めて「信仰告白の事態」(Status Confessionis)を見極め、その事態に対して語りうる福音の宣言を持っているか、祈りかつ行動する教会となっているかが問われているであろう。

注

(1)『バルメン宣言』についてのコンパクトな解説として、宮田光雄『バルメン宣言の政治学』(新教出版社、２０１４年)、朝岡勝『増補改訂「バルメン宣言」を読む——告白に生きる信仰』(いのちのことば社、２０１８年)を参照。

(2)ジョン・ストット(John Stott, 1921–2011) 世界の福音派を代表する英国国教会の司祭、神学者。

(3)ここで言う「福音派」とは、１８４６年に英国で発足した「福音同盟」(The Evangelical Alliance)を端緒とし、１９５１年に結成された「世界福音同盟」(The World Evangelical Alliance)に加盟する諸教会を指し、伝統的な聖書観や世界宣教の強調を特徴とする。ローザンヌ誓約はこれら福音派諸教会が共有する信仰を表明したものであり、誓約本文と解説はＪ・ストット『ローザンヌ誓約——解説と注釈』宇田進訳(いのちのことば社、１９７６年)、ローザンヌ運動に関しては「日本ローザンヌ委員会公式サイト」(https://www.lausanne-japan.org)を参照。

(4)朴軍事政権に対する民主化闘争の最中にあった１９７３年、「韓国キリスト者有志教役者一同」の名で出された宣言文で、主な起草者は池明観。なお本宣言は韓国キリスト教会全体の信仰告白というよりも、「民衆神学の先取り」であるとの指摘もある。高萬松『「１９７３韓国キリスト者宣言」の作成経緯とその意義』(聖学院大学総合研究所 Newsletter Vol.21 N0.3) http://id.nii.ac.jp/1477/00003026/。

(5)２０１０年に南アフリカ、ケープタウンで開催された「第三回ローザンヌ世界宣教会議」において採択された宣言文。本文と解説は『ケープタウン決意表明』日本ローザンヌ委員会訳(いのちのことば社、２０１２年)を参照。

(6)バルメン宣言の本文は関川泰寛・袴田康裕・三好明編『改革教会信仰告白集』(教文館、２０１４年)所収の加藤常昭訳による。６８８頁。
（7）Ｅ・ベートゲ編『ボンヘッファー獄中書簡集「抵抗と信従」増補新版』村上伸訳（新教出版社、１９８８年）３４６－３４７頁。
（8）ディートリッヒ・ボンヘッファー（Dietrich Bonhoeffer, 1906–45）20世紀を代表するドイツの牧師・神学者。第二次世界大戦中、ヒトラー暗殺計画に加わり、計画失敗後に逮捕・投獄され獄中で死去。
（9）カール・バルト（Karl Barth, 1886–1968）「20世紀最大の神学者」とまで評されるスイス人の牧師・神学者。ドイツ告白教会の理論的指導者として活躍。
（10）カール・バルト「バルメン」雨宮栄一訳、『カール・バルト著作集7　政治・社会問題論文集下』（新教出版社、１９７５年）３０４頁。

（日本同盟基督教団徳丸町キリスト教会牧師、同教団理事長）

第2章　香港国家安全維持法と信教の自由

教会堂を休憩所としてデモ参加者に開放していた香港合同メソジスト教会・香港堂（2019年6月16日、撮影：松谷曄介）。

香港の政治と信教の自由

倉田　徹

中国政府が「香港国家安全維持法（国安法）」を制定したことを受けて、「一国二制度」の下での自由・民主・法治の先行きは大いに懸念されている。しかし、そうした政治的権利と比較すれば、返還後の香港の信教の自由は比較的良く守られてきた。

米国に拠点を置くＮＧＯ「フリーダム・ハウス」は、世界の自由について毎年報告書を発行している[1]。同報告書は、選挙権・被選挙権などの政治参加の自由を意味する「政治的権利（Political Rights: PR）」と、言論・集会・結社などの自由を指す「市民的自由（Civil Liberties: CL）」の２つのカテゴリーに分けて、1点が最良、7点が最悪という7段階の点数評価をしている。香港は長年、ＰＲが5点、ＣＬが2点と評価され続けた。非民主的な政治体制にもかかわらず、自由については西欧や東アジアの民主主義諸国に遜色ない水準を維持してきたのである。ＰＲとＣＬに3点以上の差がついた場所は世界に香港しかなく、ゆえに筆者もこれまで、香港を世界一「民主はないが、自由はある」場所と論じてきた[2]。言い換えれば、非民主的な政治体制が「一国」を体現し、自由な社会が「二制度」の表れであった。

しかし、２０２０年版の報告では、香港のＣＬは政府による抗議活動への弾圧強化を反映して、3点に引き下げられた。ＣＬの内訳も15分野に分けて細かく分析・評価されている。例えば、学術の自由に関するカテゴリーでは、カリキュラムに政府が介入することを理由に、０から4点の評価（こちらは4点が最良）で1点とされるなど、多くのカテゴリーで評価が下げられた。その中で、信教の自由と、結婚や家族計画などの自由の２分野だけが4点の満点評価とされた。

香港の信教の自由を高く評価する根拠としてフリーダム・ハウスが具体的に挙げているのは、法輪功の活動の自由である。中国共産党と対立し、１９９９年に中国政府指導者の居住地区である北京・中南海を「人間の鎖」で包囲する事件を起こしたとされた法輪功は、大陸では厳しい弾圧の対象となっている。しかし香港での活動は基本的に自由であり、九龍半島・尖沙咀の、香港島行きのスター・フェリーのターミナルなど、特に大陸からの観光客が多数集まる街頭を選び、共産党を批判する街頭展示活動を行っている。

こうした宗教に対する寛容さは、「一国二制度」の下で守られてきたイギリス統治の遺産である。宗教に限らず、あらゆる面でイギリスは社会に対する自由放任を旨とした。19世紀の植民地化初期の頃から、欧米人の間では中国系住民の宗教儀式の騒音や煙などに対する不満も存在したようであるが[3]、こうした中国の伝統の信仰に対する直接的な弾圧は起きていない。

むしろイギリス香港政庁は、統治を宗教団体に依存していた側面が強い。「小さな政府」を志向し、社会との摩擦を恐れて社会への干渉を避けたがる香港政庁にとっては、宗教団体は教育や福祉を代わりに依頼できる、有用な存在であった。香港の植民地化直後の１８４７年に中国系住民によって香港島・上環に設立された、文帝と武帝をまつる文武廟は、互選された委員会を通じて中国系住民間の紛争を処理するなど、彼らの自治組織として機能した。第二次大戦後の香港政庁にとっての大きな課題は、中華人民共和国の成立という新しい状況に対する対応であった。戦後間もなく大陸からは大量の難民が香港に流入し、彼らはバラック小屋の劣悪な居住環境での生活を余儀なくされた。しかし、多くの植民地官吏は、あまりにも多くの社会福祉を提供すると、さらに多くの大陸の難民を香港に呼び込むことになると懸念した。政庁は、難民は自分の責任でやって来たのであるから、来たからには環境を受け入れるべきだという考えであったという。これに対し、カトリック・メリノール女子修道会は率先して貧しい難民のコミュニティのために奉仕し、公営住宅地区で学校・診療所・青年センターを開設し、さらに山沿いのバラック地区に入って行き、助けを必要とする者を助けたという。(4) 香港の自治を論じる際、一般的には「地方自治」という観点から、ロンドンや北京に対する自治が語られがちである。しかし、本当の意味での香港の自治は、こうした宗教団体などを主力とする力強い中間組織に支えられた、社会の自律性に根ざしているということを忘れてはならない。

　宗教に寛容な植民地期の政策は、「一国二制度」の下で返還後も維持されてきた。社会における宗教界の存在感を象徴するものの一つが、香港政府トップである行政長官の選挙における宗教界の役割である。現在行政長官はさまざまな業界に割り当てられた合計１２００人の選挙委員により選出されるが、そのうち60人は「宗教界」という枠で選出される。内訳は天主教香港教区、中華回教博愛社、香港基督教協進会、香港道教連合会、孔教学院、香港仏教連合会に各10名ずつとされ、多くの業界では当該業界所属の者により選挙が行われるのに対し、宗教界は各団体が政府に委員を推薦して決定される。孔教すなわち儒教以外の５つは中国大陸で公認されている５つの宗教であり、中国政府はこの選挙制度を「バランスある参加」と説明する。この6団体は１９７８年から「六宗教領袖座談会」を開始し、１９８０年代には香港の民主化問題などについても積極的に発言してきたという。(5) ここには、活発な圧力団体や社会運動家を政府が取り込んで、政治問題を行政内部の問題へと転化させる「行政による政治の吸収」ともいわれるイギリスの統治方式の発想法を見出すこともできる。

　しかし、なぜこの6宗教団体に選挙権が与えられているのか、そして均等に10人ずつが割り振られているのかには、明確な理由はない。言い換えれば、他の宗教はここから排除されている。先述の通り、フリーダム・ハウスは法輪功が自由に活動していると評価していたが、実際には返還後間もなく、法輪功は北京と香港の軋轢の原因ともなった。返還前に中国系として初の政府ナンバー2となり、返還後留任して初代の政務長官についた陳方安生（アンソン・チャン）の法輪功の処理は、中央政府の大きな不満を呼んだと指摘される。１９９９年のマカオ返還式典の際、江沢民国家主席はマカオで法輪功のデモに遭い、マカオ政府は強硬な手段ですぐにこれを阻止した。これに対し陳方安生は、法輪功は香港では合法組織であり、その一切の活動は、香港の法律に違反しない限り、全て許可されるとメディアの質問に回答した。このことは陳方安生の大きな「罪状」となり、最終的に陳方安生は任期途中での辞職に至ったという(6)。

２００１年1月には、香港政府は「法輪功」のイベントに参加するために世界各地から香港にやってきた１０００名近くの法輪功関係者の入境を拒否した。これについて、香港紙『明報』の社説は、１９９９年12月に同様のイベントが行われた際には入境を拒否された者はいなかったのに、香港政府がこのような重要な原則を変更するに到った要素が分からないと指摘し、「中央政府の圧力か、それとも（香港政府が）自らすすんで中央政府に好まれることをしたのか」と疑問を投げかけている(7)。２００１年2月、董建華行政長官は香港の議会である立法会で、「法輪功に対しては、われわれはその今後の活動と動向を密に注視し、香港社会の安寧と秩序が影響を受けないことを確保する。実際、法輪功は多かれ少なかれ、邪教の性質を持っている」と発言した(8)。信教の自由が保障されている香港で、少なくとも香港内部では社会問題を発生させていなかった法輪功に対して、行政長官がこのように言及する理由は、中央政府の圧力なしには説明が難しい。

そして、２００２年に香港政府が「国家安全条例」制定を目指した背景にも、法輪功を理由とした中央政府の圧力が存在したと見られる。２００１年3月6日、銭其琛副総理は、法輪功の存在は香港・マカオの繁栄と安定に何ら利点がない、香港の少なからぬ者が各種の方式で法輪功邪教組織への態度を表明し、特区政府に災いを未然に防ぎ、早急にこの問題を解決するよう求めているが、私はこのようにするのは全く正しいことであると思うと発言し、香港を大陸に対する転覆・浸透活動を行う基地にしようとしている一部の者がいると述べ、香港が国家安全立法を行う作業はまだ完成していないと指摘した(9)。

こうなると今回制定された「国安法」が、今後信教の自由に与える影響も懸念される。「国安法」には、宗教に直接言及した内容はない。しかし、思想統制の姿勢は条文にも表れている。同法第9条では、学校・社会団体・メディア・ネットに対して宣伝・指導・監督・管理を強めるとされている。その際の焦点はどこまで人権が保障されるかである。確かに同法は第４条で、国際人権規約がうたう自由の権利を保障するとしているが、第２条は個人・組織が権利と自由を行使する際に、「香港は中国の一部」、「香港は中央政府の直轄下に置かれる」とする「香港基本法」の条文に違反してはならないとしており、「国家の安全」を理由にすれば人権の制限も正当化されるとの論理が見える。憲法で自由の保障をうたいつつも空文化している中国大陸の人権状況と同様の懸念が、香港においても生じる。

結果的に、民主派寄りのプロテスタント聖職者・学者が中心となった「香港２０２０福音宣言」が、「国安法」違反として親政府派から攻撃を受けていることは本書の通りである。この宣言が実際に罪に問われ、関係者が罰せられる可能性が高いとは筆者は考えないが、萎縮効果を社会全体にもたらすことは間違いない。２０１２年に中学生として「反国民教育運動」を率い、「愛国教育」撤回を実現して以来、民主化運動の象徴になった若き黄之鋒（ジョシュア・ウォン）や、２０１３年に道路占拠による民主化運動を提唱して「雨傘運動」のきっかけを作り、「国安法」施行後の２０２０年７月28日に香港大学を解雇された憲法学者・戴耀廷（ベニー・タイ）は、いずれも信仰的には熱心な、しかし政治的にはリベラルなクリスチャンである。２０２０年２月13日に中央政府で香港問題を担当する香港マカオ弁公室のトップに就任した夏宝龍は、浙江省の共産党トップを務めた際、キリスト教会の十字架を撤去させる運動を行った過去を持つ。香港の信教の自由の基礎は揺らいでいる。

注

（１）フリーダム・ハウスのウェブサイトより（https://freedomhouse.org/country/hong-kong/freedom-world/2020, ２０２０年７月18日閲覧）。

（２）倉田徹・張彧暋『香港――中国と向き合う自由都市』、岩波新書、２０１５年、37－40ページ。

（３）ジョン・M・キャロル著、倉田明子・倉田徹訳『香港の歴史――東洋と西洋の間に立つ人々』、明石書店、２０２０年、65ページ。

（４）同上、２３８ページ。

（５）「【剖析宗教界】為何宗教界選委只限六宗教？　政府也無明確解釋」、香港01ウェブサイト（https://www.hk01.com/特首選舉2017/72630/剖析宗教界-為何宗教界選委只限六宗教-政府也無明確解釋）。

（６）『信報』、２００５年６月22日。

（７）『明報』、２００１年１月14日。

（８）『立法會會議過程正式紀錄』、２００１年２月８日、２１１０ページ。

（９）『文匯報』、２００１年３月７日。

（立教大学法学部教授）

政治問題に直面する香港教会[1]

袁　天佑[2]

第一波の衝撃——雨傘運動（２０１４年）

近年、香港を取り巻く政治環境が目まぐるしく変化し、中英共同声明[3]に明記されていた「一国二制度」は、徐々に色褪せてきている。こうした激変の中にあって、教会も大きな課題に直面している。

２０１４年、北京中央政府は、「香港基本法」に明記されていた将来的な普通選挙実現化の約束を反故にした〔８・31決定〕。そのため、それに抗議する市民が香港政府本部庁舎周辺を占拠し、「雨傘運動」の引き金となった。１９９７年の返還以後、しばらく平穏な時期を享受していた香港教会にとって、この雨傘運動は第一波の衝撃だった。教会の多くの青年たちも、この道路占拠運動に参加したが、教会としてではなく、みな個人としての参加だった。

道路占拠運動によって、その近隣の諸教会には、教会の会堂を開放して道路占拠の参加者たちを迎え入れるべきか否か、という問題が生じた。ある教会は会堂を開放し、ある教会は開放しなかったが、どの判断が正しく、どの判断が間違っていたかを私はここで論評するつもりはない。しかし、このことは「教会は一体、いかにして隣人に仕えるべきか」という課題を、信徒たちが考える契機となった。特に政治運動の参与者に対して、教会の土地建物を開放してよいか否かが議論となった。

また当然のことながら、教会は果たして、政治については語らない立場をとるべきか、あるいは政治に対して積極的に関心を示す立場をとるべきか、という「教会と政治」の関係にまで議論は及んだ。ある教会は、政治に関わらない比較的保守的な立場をとったため、教会の青年たちの不満を引き起こした。またある教会は、比較的開かれた立場をとったため、教会の年輩の信徒や役員（長老や執事）の反対に遭った。立場の異なる信徒たちの間に立たされる牧師たちにとって、こうした対立状況を解決するのは容易なことではなかった。教会の立場が保守的なものであれ、開かれたものであれ、教会の対応に不満を抱いた信徒は離れていってしまった。しかし、当時の状況は、まだそれほど深刻ではなかった。

袁天佑牧師（本人提供）

道路占拠を続けた雨傘運動は79日で幕を下ろし、普通選挙の獲得には成功しなかった。とはいえ、雨傘運動が決して徒労や無収穫に終わったわけではなく、若い世代が社会に関心を寄せる契機となった。教会においても、「信仰は現実離れしていてはならない」と考える人が増加した。

第二波の衝撃
――「逃亡犯条例」改正反対運動（２０１９年）

２０１９年６月、香港政府は、中国大陸の法律に違反した疑いがある香港人を中国大陸に引き渡せるようにする「逃亡犯条例」改正（以下、「条例」改正）の採択を強行しようとした。本来、法を犯した者を引き渡すというのは当然のことだが、中国大陸と香港の法律体系は異なっており、特に中国大陸の法治は健全とは言えない。中国大陸では多くの人権活動家が「国家政権転覆扇動」などの罪名にでっち上げられて、訴追されたり拘束されたりしている。そのため、多くの香港市民が「条例」改正に反対し、何週間にもおよぶ大規模な抗議デモを展開し、時には１００万人、あるいは２００万人もの市民が街に繰り出した。しかし、香港政府は市民の抗議の声に耳を傾けようとせず、その結果、抗議活動は一年もの長きにわたり継続し、今に至っても終わったわけではない。これが、教会が直面した第二波の衝撃だった。

雨傘運動の時とは異なり、「条例」改正反対運動の初期には、香港の諸教会は全体として積極的な関心を示した。多くの信徒が「〇〇派の信徒有志」と教派名を出しながら署名付きの反対声明を発表し、一部の教会は教会名義で「条例」改正に対する懸念を表面するほどだった。毎週、香港各地でデモが行われたため、多くの教会が会堂を開放し、デモ参加者を迎え入れ、水分補給や休息場所を提供した。

「条例」改正反対運動が始まって間もなく、政府は抗議デモ参加者を暴力的に鎮圧するようになり、警察と市民との間に衝突が生じ、警察もデモ隊の一部も暴力的な行為に及ぶようになってしまった。こうした状況に対して、教会の年配の信徒や長老・執事などの一部から、「教会は暴力を支持するわけにはいかない。したがって、デモ参加者を教会に迎え入れるべきではない」という反対の声が上がった。これにより、多くの教会が委縮してしまい、会堂の開放や信徒の運動参与に対して、消極的な立場をとるようになってしまった。さらには、このことが原因となり、教会の分裂状況は以前より深刻さを増した。一方では、所属する教会を離れ、比較的保守的な教会に移った長老・執事たちもいれば、他方では、所属する教会が保守的であることを理由に教会を離れ、どの教会にも行かず、オンライン上の集会を通して信仰を模索する青年たちもいる。

その後も抗議活動は継続していたが、新型コロナウィルスの影響で、教会は会堂に集まっての集会を停止し、オンライン礼拝のみとなり、教会員同士が直接触れ合う機会が減少した。教会離れの実際の状況について正確な統計はまだ出ていないが、いずれにせよ、牧師たちは、新型コロナウィルスが終息した後に、政治的に動揺する社会状況に向き合いながら、教会の歩みをどのように方向付けるべきか、また政治的立場がそれぞれに異なる信徒たちをどのように牧会すべきか、こうしたことに心を砕きつつ、さまざまなことを憂慮している。

第三波の衝撃――香港国家安全維持法（２０２０年）

香港の政治環境が絶え間なく変化する状況下にあって、北京中央政府は1か月にも満たない短期間の内に、ブッラク・ボックス方式で香港版「国家安全維持法」（以下、国安法）を通過させ、香港人の頭上に押し付けてきた。教会は、「条例」改正反対運動を経て大きな傷を負い、教会の分裂状況が深刻だったこともあり、国安法に対する反応は非常に鈍く、まったく反応しない教会も多く見られた。限られた反応も、常に保守的な立場をとってきた一部の教会指導者による国安法支持の公式表明[4]や、「国安法の立法の必要性を理解する」といった曖昧な発言[5]だけだった。

信徒に関しても、国安法反対の署名者数は、「条例」改正反対の署名者数に比して、著しく減少した。国安法反対に署名しなかった信徒たちに尋ねてみると、「中国大陸に住んでいる家族・親族たちから、香港で反対運動などしないようにと忠告を受けている」という反応が多く返ってきた。香港版国安法が施行される前であっても、また施行されたばかりの現在であっても、人々は自分の身の回りに危険を感じ、軽はずみなことはしないようにと、気を遣うようになってしまった。言論の自由や人権が、すでに奪われ始めていると言えよう。

では、言論の自由や人権が制限されつつある現状を目の当たりにしながらも、なぜ教会は香港版国安法に対して、自ら進んで立場表明をしないのか。

ごく一部の例外を除き、多くの香港教会は従来、保守的な立場、あるいは自己保全的ともいえる立場をとってきた。19世紀に香港が開港して以降、教会の働きも時代とともに進展し、荒野を拓くような多くの苦難の時期を経てきた。やがて教会は、イギリス植民地政府からの民間委託により多くの学校・社会福祉事業を請け負い、政府からの財政支援も受けるようになった。こうしたことは、確かに教会の働きと発展を大いに助けた。

香港が中国に返還される１９９７年までの期間、牧師や信徒の中には、返還後に自由が制限されることを懸念し、海外に移民する人々もいた。しかし、そもそも移民することができる条件が整っている層は限られていたこともあり、実際に移民した牧師・信徒の人数はそれほど多くはなかった。香港の中国返還以後、「一国二制度」が存在していたため、香港人の生活には大きな変化はなく、教会も安定した状況にあった。

しかし、それは表面的な安定にしか過ぎなかった。「香港基本法」では将来的な民主的普通選挙が約束されていたが、全体主義体制である中国共産党政権が香港人に真の民主や自由を容認するなどということが、果たしてあり得ようか。真の普通選挙を否定し、「条例」改正を推し進め、そして今や香港版国安法を通過させたことは、いずれも香港の自由と民主主義の空間を狭めるために他ならない。

香港の教育政策もしばしば変更され、狭隘的な国民教育（愛国主義教育）が繰り返し推進されてきた。教会が運営する学校の経営方針も、次第にその影響を受けるようになってきた。しかし、教会は政府からの財政支援を受けて学校運営に携わり、それを教会の発展の助けとし、宗教的集会を従来通り実施できることを期待するため、国民教育に対して大きな反対ができないでいる。ここにも、教会の保守的立場と自己保全的な姿勢が見られる。

２０１４年の雨傘運動の際、真の普通選挙の有無は教会にとって、さほど大きな問題ではなかったため、この運動に対する教会の参与も応答もあまり多くなかった。しかし、２０１９年の「条例」改正反対運動の際には、なぜ多くの教会が関心を示すようになったのか。それは、何週間にもおよぶ百万人規模のデモなど多くの人々が参加したからというだけでなく、「条例」改正がなされてしまうと、教会が実施している中国大陸での諸事業の展開にも影響が出るだろうことを懸念したからでもあった。多くの香港教会が中国大陸での宣教事業を展開しており、関係者が中国大陸の現地の教会を援助しているケースもある。香港教会のスタッフであっても、もし不注意にも中国国内の法律に触れてしまった場合、容易に逮捕され、中国大陸に送られ、中国大陸で裁判を受けることになる。もし、このような状況になってしまえば、スタッフは中国大陸での宣教に参与しようと思わなくなってしまう。これが、一部の保守的な教会が「条例」改正に積極的な関心を示した理由である。

２０２０年、香港版国安法の施行が強行された時、同法には宗教に関する条文がなかった。そのため、ある教会は、同法によって「宗教の自由」に影響が出ることはなく、教会は従来通り集会ができると考えた。こうした教会の指導者の中には、反対の声を上げなかったばかりか、むしろ同法の成立を支持する者までもいた。

また、ある教会や牧師は、同法によって「言論の自由」に影響が出ることを心配したり、香港が中国大陸と同じように、終いには宗教の自由までもが影響を受けることを懸念したりしている。しかし彼らは、たとえ反対の声を上げたとしても、北京中央政府がそうした反対意見を受け入れて同法案を撤回することはあり得ないと考え、結局は何の声も上げないでいる。ある教会は、もし反対すると将来、弾圧や攻撃を受ける可能性があることを憂慮している。さらに、ある教会は、中国大陸の宣教事業に影響が出ることを恐れている。こうしたさまざまな状況にあって、多くの教会は同法の成立に対して、結局のところ沈黙し続けているのだ。

「条例」改正反対運動の期間、有志の牧師・神学教師たちが「香港牧師ネットワーク」を立ち上げ、「香港２０２０福音宣言」（以下、「福音宣言」）を起草した。「福音宣言」は、教会の存在は決して自分たちのためだけにあるのではないことを、諸教会と信徒たちに理解してもらうことを期待して公表された。教会とその信徒たちは、単に個人的な信仰生活において神が共に歩んでくださることを知るだけでなく、社会において「義を行い、慈しみを愛する」[6] ことをも実行しなければならない。

とはいえ、「福音宣言」の起草に関わった牧師・神学教師たちは、必ずしも教会において権限を持つ立場にいるわけではなく、地位も低く、その発言が重んじられないため、教会を変革し、刷新するのは、実に容易なことではない。それに加えて、中国共産党系のメディアが、これらの牧師と「福音宣言」を攻撃している。教会の内にも外にも敵がいる状況と言える。

社会も教会も、暗闇に覆われてしまったかのようである。しかし、われわれは「暗闇は光に勝たなかった[7]」ことを確信している。一時的な暗闇のゆえに、若者たちが信仰や希望を失うことがないように、願って止まない。香港のために、そして香港の若者たちのために祈ってほしい。

注

（1）原題「面対政治、香港教会的回応」。２０２０年7月15日、本書のための書き下ろし寄稿文。
（2）袁天佑《えんてんゆう》（Yuen Tin-Yau, 1951–）香港出身。香港中文大学・崇基学院神学組（現崇基学院神学院）卒業。香港循道衛理聯合教会（香港合同メソジスト教会）で38年にわたり牧師を務める。同教会の会長（２０１２–15年）、香港基督教協進会の議長（２０１１–15年）を歴任。２０１６年引退。
（3）１９８４年、イギリスと中華人民共和国の政府間で、香港の返還や返還後の統治体制について合意した声明。
（4）香港聖公会の鄺保羅（ポール・クウォン）大主教の発言を指している。
（5）カトリック香港教区司教の湯漢枢機卿の発言を指している。
（6）旧約聖書・ミカ書６・８。
（7）新約聖書・ヨハネによる福音書１・５（口語訳聖書）。

「国家安全維持法」の暗雲下における香港教会(1)

邢　福増(2)

「国家安全」の経緯——中国大陸から香港へ

２０２０年５月21日午後、全国人民代表大会が香港版「国家安全維持法案」（以下、国安法）を審議しているというニュースが伝わり、「一国二制度」の死が正式に宣告されたかのように、香港中が恐怖に陥った。

２０１９年11月に中国共産党第19回中央委員会第４次全体会議が開催された際、北京中央政府は、香港版国安法を立法化させることを早々に確定していた。その頃、香港では「逃亡犯条例」改正（以下、「条例」改正）に対する反対運動が、香港全体を巻き込む抗議活動にまで発展していた。同年９月、香港政府が「条例」改正の撤回を表明した後も抗議は収まることなく、警察の暴力や職権乱用の問題が抗議活動を激化させ、市民のさらなる怒りを招いていた。全国人民代表大会常務委員会副委員長の王晨《おうしん》は、国安法の草案説明の際、「２０１９年に香港で発生した逃亡犯条例改正反対運動をめぐる騒動以来、香港を掻き乱す反中国勢力が『香港独立』『自決』『住民投票』等を呼びかけている」と指摘した上で、それらを「国家の主権・安全・利益発展に厳重な危害」を加える暴挙であると見なし、したがって「有効な措置を取り、法に則り、それらを防止・阻止・処罰する必要がある」と発言した。

このように、「条例」改正反対運動が香港版国安法を生み出したことは間違いないが、そこには、中国共産党の香港に対する「未完の志」が、密接に関係している。１９９７年に香港の主権が中国に移譲されて以降、中国共産党が香港において未だ実現できていない五つの重要事項があるのだ。

（1）１９９９年、初代行政長官の董建華《とうけんか》は、司徒華《しとか》[3]と会見し、毎年６月４日の天安門事件追悼集会を開催しないように要請したが、拒絶された。

（2）２００１年、香港政府は、「邪教」[4]組織とその活動を規制する法律制定を関係方面に諮問したが、多くの反対意見により、棚上げとなった。

（3）２００３年、香港政府は、「香港基本法」第23条に基づく「国家安全条例」案を起草したが、市民の50万人デモにより、撤回を余儀なくされた。

（4）２０１２年、香港政府は、「徳育および国民教育科」[5]を必修科目として導入しようとしたが、反対運動の民意に押され、棚上げとなった。

（5）２０１９年、香港政府は、「逃亡犯条例」改正案を可決しようとしたが、２００万人規模の抗議デモを引き起こし、撤回を余儀なくされた。

北京中央政府の立場からすると、１９９７年７月１日以降、中央政府は香港の「主権回復」の実現しか成功しておらず、香港人（特に若者層）の「民心」は未だ回復できていないのだ。さらには、香港の市民社会が「二制度」と「高度な自治」を何としてでも守ろうとする姿勢を崩さなかったため、中央政府は２００３年以降、香港に対する政策を見直すことを決定し、「一国」の下での「全面的な統治権」を実現しようとしたのではなかろうか、と踏み込んで考える者もいる。いずれにせよ、２０１９年の「条例」改正反対運動が、統治権に対する深刻な脅威であると中国共産党に受け止められたことは、間違いない。

香港人は民主主義と自由を勝ち取るため、２０１３年から２０１４年にかけ、「セントラル占拠運動」と「雨傘運動」を起こした。全国人民代表大会が２０１４年8月31日に「真の普通選挙」の要求を拒絶する決議（8・31決定）をしたことで、中国共産党はその「権威主義」体制の本質を露わにした。実際に、習近平が権力を握って以降、中国共産党はイデオロギー闘争を再び繰り広げるようになり（例えば「七つの言ってはならないこと」[6]）、「国家安全」が統治政策の中心路線となり、「中央国家安全委員会」の設置（２０１３年）と「中華人民共和国国家安全法」の発布（２０１５年）を前後して実施し、社会に対する厳格な統制を強化した。中国は「完璧な独裁」[7]に、具体的な「脚注」を付してくれたと言える。

邢福増（The Initium Media 提供、撮影：陳焯輝）

香港のキリスト教界の反応

香港版国安法の決定に基づけば、四つの罪に抵触する「ごく少数の人」だけが罪に定められる可能性がある、とされている。いわゆる四つの罪とは、「国家を分裂させる行為」、「国家政権を転覆させる行為」、「国家安全に危害を加えるテロ行為」、「外国勢力と結託して国家安全に危害を加える行為」を指す。

中国人民政治協商会議北京市委員会の委員でもある香港聖公会管区総主事の管浩鳴《かんこうめい》は、[8]「もし宗教活動が『国家分裂』や『外国勢力との結託』を企んでおらず、政治活動を宗教活動という覆いで包み隠さない限りは、何の心配もする必要がない」という認識を示した。

また２０２０年5月末、中国人民政治協商会議に出席していた香港聖公会大主教の鄺保羅《こうぽうろ》（ポール・クウォン）[9]は、彼と同様に中国人民政治協商会議委員である香港仏教連合会会長の釋《しゃく》寛運《かんうん》と一緒にインタビューを受けた際、「国安法の成立により、香港社会は一日も早く秩序を回復できるようになり、人々は安心して生活できるようになるだろう」と発言した。

香港聖公会の指導者が個人の立場で香港版国安法に対する支持を公にした以外では、主流派諸教会によって組織されている香港基督教協進会[10]が、６月上旬、婉曲的な表現で「関係法律が香港の人権や自由、特に宗教の自由を明確に保障してくれることを希望する」という趣旨の声明を発表した。

それと同時に、５月末以降、香港の八つの教派[11]の信徒たちが、「信徒有志」の名義で各教派ごとに署名付き声明を発表し、香港版国安法に対する憂慮を表明し、「栄光敬拝ミニストリー」[12]も国安法反対の署名付き声明を発表した。６月20日までに、７３００名以上の信徒が、こうした署名付き声明に加わった。

「〇〇教派の信徒有志」という形式の署名付き声明は、過去にも何度か実施されたことがあり[13]、教派組織としてではない枠組みでの各教派の信徒の声を反映してきたが、その都度、こうした声明がどれほどの「代表性」を有しているのかという問題をめぐり論争が起きていた。２０１９年の「条例」改正反対運動と２０２０年の国安法反対運動における教派有志の署名付き声明を比較してみると、前者の署名付き声明に加わったのが21教派・教会だったのに対し、後者の場合には８教派・教会と、前者に比してはるかに少なかった。またこれら８教派に関しては、その署名人数が２０１９年に及ばなかったというだけでなく、英語名での署名者の増加が顕著だった[14]。これは、香港版国安法に対する、香港教会の信徒たちの無力感と恐怖感、また強大な「党国装置」[15]の下にあって、署名することにより被る不利益な結果に対する憂慮の大きさを反映している。

国安法の暗雲

全国人民代表大会常務委員会は、２０２０年６月30日に香港版国安法を通過させた。このことは、香港の宗教の自由やキリスト教に対して、どのような影響をもたらすのだろうか。

たとえ北京中央政府や香港政府が、「香港版国安法は、ごく少数の人を対象にしているだけである」と繰り返し表明したとしても、中国大陸で多数の反体制派人士、人権派弁護士、家庭教会[16]牧師が「国家政権転覆扇動罪」で控訴されているという事実は、「言論を罪に問う」という問題が現実に起きている十分な証拠である、と懸念する人が少なくない。事実、この一年間だけをみても、香港の言論の自由はすでに著しく後退しており、「国家安全」や「民族主義」など「政治的正しさ」に関わる問題に関しては、越えてはならない「レッド・ライン」があらゆるところに張り巡らされ、ややもすればすぐにでも処罰されるようになってしまった。党国体制による全体主義統治が間近に迫る中で、学校の試験も政治問題、個人のソーシャル・メディアでの投稿内容も政治問題、学校で何を歌ったり何を討論したりするのかも政治問題、ましてや政府を支持すべきか否かの政治的態度表明などは言うまでもなく、すべてが政治問題として取り扱われるようになってしまった。

香港マカオ事務弁公室副主任の張　暁明《ちょうぎょうめい》は、6月上旬、香港社会には「メディアによる国家へのさまざまなマイナス報道やでたらめな批判が氾濫」しており、これは反対勢力による「権力奪取と体制変革」、「国家政権の転覆」、また「中国共産党の指導と『中国の特色ある社会主義制度』の転覆」を企む行為であると指摘していた。香港版国安法の施行に伴い、こうした「汎政治化」された「赤色テロ」によりもたらされる恐怖は、増すことがあっても減じることはないだろうと予測できる。

こうした状況下にある香港人は、まず最初に「恐怖からの自由」を失い、次に「思想の自由」、「言論の自由」、「表現の自由」などを失っていくだろう。香港の核心的価値と制度の崩壊、またそれに伴う党国化の浸透と直接管理の進行は、「二制度」が未曽有のスピードで「一国化」に向かうであろうことを予期させる。

全体主義政府がやみくもに誇張する「恐怖政治」の下にあって、香港教会は、政府との関係にどのように対処すべきなのだろうか。全体主義体制に歩調を合わせることに甘んじるのか。それとも独立自治を保持し、権力や利得の誘惑と距離をとるのか。

また香港教会は、その社会的責任と政治的役割をどのように実践していくべきなのだろうか。「中国の特色ある政教分離」[17]を受け入れ、国家イデオロギーを擁護し、官製神学を構築するのと同時に、信仰の公共性を自己否定するのか。それとも国家のお先棒を担ぐことを拒絶し、預言者としての使命を堅持し、正義を行い、苦しむ者と共に歩むのか。

「真実の生」を生きる

全体主義社会は、体制を掌握した後に、徐々に人々の心までも変えようとする。香港教会は、未だ社会の制度に対して大きな変革をもたらすことができていないかもしれないが、少なくとも、自分自身が同化させられたり、無理矢理に変えさせられたりさえしなければ、なおそこには希望がある。チェコの元大統領ヴァーツラフ・ハヴェル[18]は、全体主義に抵抗する道は日常生活において「真実の生」を生きることであり、「嘘の生」を拒絶することである、と主張していた。これは一種の倫理的行為であり、毎日の生活をより自由に、より真実に、そしてより尊厳あるものにするために、戦うことである。これこそが、彼が主張する「力なき者の力」の意味なのだ[19]。

全体主義統治が間近に迫り、「国家安全」が網の目のように張り巡らされてしまった赤色テロの状況下で、香港教会とキリスト者は、日常生活において「真実な生」を生きることができるかどうかが、問われている。

ハヴェルは、次のように語る。「つまり、『明るい未来』は、じっさい、そしてつねに、遠い『あそこ』のことでしかないのだろうかという問いかけである。もしそれが正反対で、すでに昔からここにあり、ただ私たちが盲目で弱いがために自分たちの周囲、自分たちの内部を見たり発展させることができないだけであればどうなのだろうか[20]」。

注

（1）原題「『国安』陰霾下的香港教会」。台湾のキリスト教系雑誌『校園』２０２０年7、8月号掲載。校園書房出版社の許可を得て翻訳・転載。

（2）邢福増（Ying Fuk-tsang, 1966–）香港出身。香港中文大学歴史学部卒業、同大学修士課程・博士課程修了。建道神学院副教授を経て、現在香港中文大学・崇基学院神学院教授（２０１４－20年、同神学院院長）。中国キリスト教研究の第一人者。

（3）司徒華（Szeto Wah, 1931–2011）民主派陣営の中心人物の一人だった立法会議員。プロテスタントのキリスト者。１９８９年の中国大陸の民主化運動に呼応し、「香港市民支援愛国民主運動連合会」を立ち上げ、その後も香港の民主化運動をけん引した。

（4）特に、中国大陸で邪教として取り締まり対象となった気功集団「法輪功」を指している。香港ではその活動は、認められている。

（5）国家への帰属意識や愛国心を育てることを目的とした、いわゆる「愛国主義教育」。略して「国民教育」とも表現される。

（6）２０１３年、中国共産党が大学などに通達した、学生に対して講じてはならない「普遍的価値」「報道の自由」「市民社会」「市民の権利」「共産党の歴史的誤り」「特権資産階級」「司法の独立」の七項目。

（7）オックスフォード大学で教鞭をとっていたノルウェー出身の中国学者スティン・リンゲン（Stein Ringen, 1945–）の著作 *The Perfect Dictatorship: China in the 21st Century* (Hong Kong: Hong Kong University Press, 2016) に由来する表現。

（8）管浩鳴（Peter Douglas Koon, 1963–）香港聖公会管区総主事のほか、聖ヨハネ主教座聖堂の牧師を兼任。

（9）鄺保羅（Paul Kwong, 1950–）香港聖公会大主教、中国人民政治協商会議全国委員会委員。２０２０年7月、イギリス聖公会（英国国教会）の週刊新聞「Church Times」への寄稿文の中で、「私はこの法律〔香港国家安全維持法〕を歓迎する」と同法支持の立場を改めて表明している。

（10）香港基督教協進会（Hong Kong Christian Council）日本の日本キリスト教協議会（ＮＣＣ）に相当する超教派

組織。

（11）合同メソジスト教会、バプテスト教会、聖公会、福音自由教会（播道会）、アライアンス教会（宣道会）、アッセンブリー教会（神召会）、ルーテル教会（信義会）、中華基督教会香港区会の八教派。

（12）中国語表記は「栄光敬拝事工」（Glorious Worship Ministry）。２０１９年以来の「条例」改正反対運動の過程で、政治的見解の相違が原因となり、自分の所属教会での礼拝出席が困難なった信徒のために、２０２０年1月、宣道出版社社長でもある王礽福《おうじょうふく》伝道師を中心に立ち上げられた有志団体。

（13）２０１６年、香港立法会議員資格に関して、全国人民代表大会が法解釈を行ったことに対する抗議声明。２０１８年、中国大陸各地での十字架撤去や家庭教会閉鎖など、中国政府が相次いで宗教信仰の自由が侵した事件に対する抗議声明。２０１９年、「逃亡犯条例」改正に対する反対声明。

（14）中国語表記の実名を隠すため、英語名で署名した人が多かったことを指している。

（15）党と政府が一体化している国家体制（party-state）を指す用語。ここでは、中華人民共和国という国家を中国共産党が一党独裁体制で統治している状況を意味している。

（16）政府に未登録のままでいる、非公認のキリスト教の教会群。一般的には、政府に登録している公認教会の通称「三自愛国教会」には加わっていない教会を指す。

（17）国家・政府が宗教を厳格に管理・統括する体制を指す。

（18）ヴァーツラフ・ハヴェル（Vaclav Havel, 1936–2011）チェコの劇作家。チェコ・スロバキア社会主義共和国の反体制派の指導者として活躍し、１９７７年には人権擁護を求める「憲章七七」の起草者の一人としても知られる。１９８９年、ビロード革命で社会主義体制が崩壊した後、チェコ・スロバキア連邦共和国の大統領に選出され、さらにはチェコ・スロバキア解体後、１９９３年から２００３年まで、チェコの大統領を務める。「憲章七七」は、劉暁波《りゅうぎょうは》（Liu Xiaobo, 1955–2017）が中心となって２００８年に起草した「零八憲章」にも影響を与えたと言われる。

（19）ヴァーツラフ・ハヴェルの１９７８年の著作のタイトル。邦訳は『力なき者たちの力』（阿部賢一訳、人文書院、２０１９年）参照。

（20）ヴァーツラフ・ハヴェル『力なき者たちの力』前掲、１２１頁。

第3章　香港民主化運動におけるキリスト者の声

判決1週間前の2019年3月30日に開催された街頭行進祈禱会で十字架を抱えて歩く戴耀廷（中央）と陳健民（左）と朱耀明（右）（「時代論壇」フェイスブックより、撮影：鄭楽天）。

信仰と民主の夢（1）

戴　耀廷（2）

年月を数えてみると、主なる神を信じる信仰をもってから、ちょうど30年になる。この30年間、神を信じるようになったばかりの時も、また信じるようになる以前の時も、そして数年前に人生で最大の問題（3）に直面した時も、いつかなる時も、神は私を決して見放すことなく、絶えず私を顧みていてくださった。

青年時代の年月

高校3年の夏休みの時のことを、今でもよく覚えている。私は烏溪沙《ウーカイシャー》（4）のキャンプ場で、暗い夜空をかける流れ星を見ながら、「香港大学の法学部に合格できますように」と、天に向かって願った。その時、星空の背後で誰がこの願いを聞いておられるのか、私はまだ知らなかった。

窓から雲に覆われた夜空を見ながら、「今晩、安らかに寝られますように」と祈った大学生の時も、誰に向かって祈っているのか、自分でも分かっていなかった。それまで人生の大きな挫折というものを経験してこなかったが、2年間も付き合っていたガールフレンドから別れを切り出されたことで、若き青春の人生がこれまで経験したことがないほどの暗闇に落ちていくとは、思ってもいなかった。その頃、大学卒業試験を間近にひかえていたが、勉強に精神を集中させることができず、眠れない日々が続いていた。そのような折、寮のルームメートでもあり、キリスト者になったばかりの親しい同級生の張《ちょう》達明《たつめい》（5）が、落ち込む私を見かねて、「神に祈ってごらんよ。

神は必ず聞いてくださるから」と助言してくれた。雲の後ろから透けて見える星の輝きを見ながら、その夜、ようやく安眠することができた。そして、暗い夜の背後で祈りを聞き、それに応えてくださるこの慈愛の神に従っていこう、と私は決心した。

ロンドン経済政治学院（London School of Economics and Political Science）の修士課程で学んでいた時、ロンドン華人教会が主催する春のキャンプに参加した。それまで、将来について決断できないでいたが、その夜、星空を見上げている時、周囲は非常に静かだったが、心が激しく揺さぶられ、「神よ、私の一生をあなたの御手に委ねます！」と、命の神に対して生涯の志を立てた。しかし、神が私のためにどのような道を備えてくださろうとしているのか、まだその時には知る由もなかった。

こうした青年時代の年月を振り返ると、聖書の詩編１３９編の一節を思い起こす。「あなたは、わたしの内臓を造り、母の胎内にわたしを組み立ててくださった。……胎児であったわたしをあなたの目は見ておられた[6]」。

戴耀廷（「時代論壇」より、撮影：楊軍）

教会での年月

神を信じて以降、私はすぐさま積極的に教会生活に加わるようになった。聖書研究会、教会学校、諸集会の奉仕者やリーダー役、執事職、短期宣教、讃美リーダー、説教など、さまざまな働きをした。牧師職以外なら、トイレ清掃係から礼拝司会まで、教会のすべての役割を担ったことがある。

　大学の仕事を辞めて神学を学び、フルタイムで教会の働きをしたいと願っていた時期もあったが、神は私にその道を開いてはくださらなかった。その時、私は神に対して「あなたに一生をお捧げする備えができているのに、なぜあなたは私にその機会を与えてくださらないのか」と、憤りを覚えたものだった。こうした時期が2年ほど続いた後、私に大学の働きに留まるように神はお考えなのではないかと、受け止められるようになった。そこには確かに神の御心があったのだと今は思えるが、当初はそれが分からないでいたのだった。

模索の年月

「神よ、私の内なる嫉妬の罪を懺悔いたします」「安心して食事ができることも、感謝いたします」「兄弟姉妹の皆さん、よき交わりを深めていきましょう」「一所懸命に福音を伝え、より多くの人がこの救いを得られるようにしましょう」。これらは、私がこれまで教会でよく語り、またしばしば耳にしてきた話だ。

「法律は、単に権力者の統治道具であるだけでなく、それ以上に、政府の権力を抑制し、正義を実践するものでなければならない」「法治とは、単に法律を守るだけでなく、それ以上に、権力を制限し、正義を達成することである」。これらは、私が大学の授業や公の場で法律について語る時に、しばしば口にしていた話だ。

　これら二種類の話は、まるで二種類の言語で語っているようなものだった。もちろん、二種類の言語といっても、中国語と英語といったような二つの言語を指しているのではなく、人が身を置く家庭・仕事・宗教といった異なる生活環境において、その環境で共に生きている人同士であれば分かり合える独特の表現や内容のコミュニケーションを指している。こうしたあらゆる言語は、それぞれの信念・概念・論理・語彙を含んでおり、一種の生活様式を構成している。

二種類の言語で語っているとはいえ、環境に合わせて言語を変えることに慣れてしまい、教会という信仰的な環境では宗教的言語で語り、専門の法律に関わる環境では別の言語で語っていた。自分が二つの世界に住み、また二つの異なる言語を語っていることに自分でも気づかないほど、長い間それが当たり前になっていた。

教会では、信者は宗教的言語を語る。その言語の基盤となっているのは、「人間は神によって創造されたが、罪を犯して神から離れてしまった。そこで、イエス・キリストがこの世界と人類を救うためにこの世に来られ、十字架にかけられ、その流された血によって人間の罪が洗い清められた。その後、キリストは天に昇り、人間と神との間の関係を再び回復してくださった」という信仰だ。香港の教会の大部分の信者は、必ずしもこれと全く同じというわけではなくとも、概ねこうした信仰に基づいて、「救いをもたらす福音を伝える」「より多くの人をキリスト教信者にする」「信者は個人の品格においてイエス・キリストに似た者に変えられなければならない」といったことだけに関心を寄せる。

法律の環境で用いられるのは公共社会の体系的言語であり、その言語が関心を寄せるのは、宗教的言語が関心を寄せる個人の救いや聖なる者となることではなく、公平と正義が重んじられる社会制度を構築・維持・運用していくことである。こうした二つの言語が相互に交わる可能性はなさそうであり、教会の世界と法律の世界は、完全に分かれてしまっているかのようだった。

しかし、実はこれらの二つの世界は必ずしも分離しているわけでも、相互に交わることがあり得ないわけでもないはずだ。私は次第に、こうした「言語分裂」の問題を感じるようになったが、しかし問題の根源がどこにあるのか、明確に言葉で言い表せないでいた。こうした状況が数年続いたが、どうしたらよいか分からずにいた。

ある日の朝、いつものように子どもを学校に送った後、執務室に戻り、聖書を開くと、「神なる主よ、今このわたしに知恵と識見を授けてください」という一節が目に留まった。この祈りの言葉は聖書の歴代誌下1章10節に記されているものであり、イスラエルの王ソロモンが神に向かって捧げた祈りの言葉だ。私は聖書を置き、ソロモンに倣って同じように祈った。祈った後、すぐに何か奇跡が起こったわけでも、すぐに自分の知恵が増したと感じられたわけでもなかった。

しかし、これまで思い悩んでいた問題、すなわち一方では教会で宗教的言語を語りながら、他方では法律に関する教育・研究の場や公の場では別の公共言語を語らねばならないという「言語分裂」の問題に対して、一筋の出口が少しずつ見えてきた。それは、ある道沿いを歩いていて、道の左側には高い壁があるため右側の景色しか見えなかったのが、角を曲がると、急に視界が大きく開けた時のような感覚だった。

キリスト教の信仰は、一つの世界観を構成しており、宗教的言語も宗教的活動もこの世界観に基づいている。同様に、社会を統治する機能をもつ法律も、独自の世界観に基づいている。それぞれの世界観は、少なくとも「人の本質」や「人と人との関係」に関して、何らかの信念や価値観を有している。あるいは、宗教的世界観のある部分は法律と直接に関係がないかもしれないが、しかし、少なくとも「人の本質」と「人と人との関係」という二つの面においては、法律と宗教とは確かに似ている着眼点がある。

実は、法律が語るところの法治・憲政・人権・尊厳などの理念は、その源を遡れば、キリスト教的世界観に行きつく。今日では世俗化にともない、法律を語るときにキリスト教的起源にまで遡ることは少ないかもしれないが、法律と宗教はその歴史的ルーツにおいて、相互に交わり、あるいはある形において結び合わさっている。

このように、私は２００４年以来、どのようにして法律と宗教の整合性をとることができるのかという思索と研究を始め、キリスト教以外のイスラム教・仏教・ヒンドゥー教・儒教など諸宗教にも研究の範囲は及んだ。そして、これら諸宗教の世界観が、法律の根源、法律と道徳の関係、憲法、人権、宗教の自由、公共空間、グローバル化をどのように考えているのか、といった内容の「法律と宗教」という授業を、香港大学で開講するようになった。

「法律と宗教」に関する教育と研究を通して、私は単に法律に対する認識や知識を深めるだけでなく、キリスト教信仰に対する理解をも深めることができた。その後、幾人かのキリスト教神学者たちと公共神学について議論を重ね、キリスト教神学を基礎としながら、キリスト教信仰がいかにして公共的な理性（論理的な根拠や論述）によって、すべての人に関わる公共的課題に応答できるかを探求した。そこで私は、キリスト教信仰と法律には共通する究極的関心があることに気が付いた。それは、「正義」である。

「セントラル占拠」運動の年月

2013年1月上旬のある夜、明かりを消し、暗闇に横たわっても、頭の中は休まることがなく、かえってエンジンのように目まぐるしく動いていた。眠りにつく前、その翌週までに「信報」[7]に寄稿しなければならない「セントラル占拠」についての文章を考えていた。いつものようにアウトラインを書き、前書きを書き上げたところでパソコンの電源を切り、詳細な内容は翌日に書こうと考えていた。実を言うと、就寝前にいったん書く手を休めたその時には、具体的に何を書くべきかまだ分からないでいた。

2013年の元旦、民主派団体による抗議デモの後、デモ隊の一部がセントラル（中環）[8]の道路を占拠し、最終的には「長毛」の別名でも知られる梁国雄《りょうこくゆう》[9]一人だけが「違法集会」の容疑で警察に拘束される、という出来事があった。もしその時、より多くの人が道路を占拠していたら、状況は異なっていたのではないか、と私は考えた。

梁振英《りょうしんえい》[10]がその翌日に、行政長官就任後、最初の施政報告を発表することになっていたが、彼は最初の施政報告では政治体制改革について触れることはないだろうと思われた。というのも、彼はまず、市民生活改善の問題に取り組んで名声を上げてからでなければ、政治体制改革という火傷をするような問題に手を付けることはできなかったからだ。しかし、いずれにせよ、「政治体制改革」と「市民生活」の問題は、彼にとって容易には避けがたい事柄だった。

私はこうした「政治体制改革」と「市民生活」の二つの問題を結びつけるところから、「セントラル占拠」を考えるようになった。もし、何万人もの大勢の人でセントラルを占拠するという方法をとれば、香港政府と北京政府に対して、民主化に向けた3度目の政治体制改革[11]に速やかに着手するよう迫れるのではなかろうか。こうした問題を考えながら眠りにつき、夢の世界に入ろうとした。

しかし、なかなか寝付けず、何度も寝返りを打つうちに、「市民的不服従」という考えが頭に浮かんできた。それは、当初考えていたような、単純に力づくで脅しをかけるようなセントラル占拠運動を、参加者が必ず法的責任を担い、自己犠牲を払うことで人々の心を呼び覚ます運動へと転換させることだ。２０１０年の2度目の政治体制改革の際にも似たような提案を新聞コラムに書いたことがあったので、その時も以前書いた文章を適当に書き直して「信報」に投稿しようかとも考えた。

しかし、「セントラル占拠」の八つのポイント――人数・リーダー・非暴力・持続性・責任・タイミング・事前公表・目的――が一つずつ、しかもとても詳細に脳裏に浮かんでくるのを抑えることができなかった。こうした考えがあまりにも明確に頭に思い浮かび、翌朝には詳細を忘れてしまっているといけないと思うと、もう寝てなどいられなかった。パソコンを再び起動させ、瞬く間に文章を書き上げた。文章のタイトルは、当初は「香港民主化運動における殺傷力のある武器」だったが、後に新聞の編集者が「市民的不服従――殺傷力の最も大きな武器」と改めてくれた。送信ボタンを押し、文章をメールで編集者に送った時には、この文章が本当に香港を変えてしまうとは思いもしなかった。79日間にもおよぶ道路占拠〔２０１４年の雨傘運動〕が実際に発生するとも、さらには私の人生がそれ以降、変わってしまうことになるとも、その時は予想だにしなかった。

しばらくたったある日、「法律と宗教」の研究を手伝ってくれている助手が、「ベニー[12]、この文章の中に書いてあるのは、セントラル占拠と同じことのように思えるけど」と、私に話しかけてきた。彼女がいう文章とは、私が2011年に書き上げた、法律と公共神学を結び付けた「公共神学、正義、法律」というタイトルの論文のことだった。その論文の中国語版は、執筆から2年遅れて2013年1月にある神学雑誌[13]に掲載されたのだったが、その掲載時期は私が「信報」に「セントラル占拠」についての文章を寄稿した2週間後だった。

2011年に執筆したその論文の中で、私はまず、キリスト教信仰とは単に個人の救いや聖性に関するものではなく、必ず「公共性」をも含んでいる、ということを確認していた。「人よ、何が善であり、主が何をお前に求めておられるかは、お前に告げられている。正義を行い、慈しみを愛し、へりくだって神と共に歩むこと、これである」という、旧約聖書のミカ書6章8節の正義に関する記述は、その最もよい例証と言える。

「正義を行う」、これは間違いなく、キリスト教信仰の核心的信念である。私は正義に関する聖書の理解を整理し、「正義を行う」とは、寡婦・孤児・寄留者・貧しき者、またその他の社会的弱者が圧迫を受けないように保障し、彼らが人間らしい尊厳ある保護を受けられるようにすることである、と指摘した。

しかし、「正義を行う」とは言っても、それらの圧迫を受けている人々のために正義の手を差し伸べたり、公平な待遇を勝ち取ったりするために立ち上がるだけでは、不十分な場合がある。というのも、不正義は制度的な問題でもあり得るからだ。制度的な不正義に直面する場合、「正義を行う」ためには、時には行動によって現在の不正義な法律を変える必要があり、あるいは憲法・政治・法律を再設計・再構築しなければならない場合がある。

「正義」こそが、キリスト教信仰と法律を結びつける架け橋なのだ。法律の訓練を受けたキリスト者は、その法律の知識を活用し、市民的不服従の方法によって人々の心を呼び覚まし、現行の法律における不正義に目を向けるように訴えかけること、正義に合致する法律を起草すること、正義に合致する制度を構築すること、あるいは正義ある制度を維持できる法律文化を築いていくことなど、さまざまな行動において「正義を行う」ことができると提唱した。

こうした内容の論文を書いた２０１１年の時点では、私は自分が最終的にはこうした行動を実行するようになるとは、思いもしなかった。２０１３年1月に「信報」の紙面上で「セントラル占拠」を初めて提唱した時、市民的不服従によって「正義を行う」ことについて、自分がすでに２０１１年に書いていたのをすっかり忘れてしまっていた。私の助手が、２０１１年に執筆した論文の文章の中に「セントラル占拠」と同様の趣旨内容を読み取ったと教えてくれて初めて、自分が「セントラル占拠」を正式に提唱する以前に、その論文執筆時の信仰的考察を通して、占拠運動や市民的不服従という考えの「種子」がすでに私の中に植えられていたことに、ハッと気づかされたのだった。そして、私が「セントラル占拠」についての文章を２０１３年1月に「信報」に寄稿したときには、知らず知らずのうちに、その種子が発芽し、成長していたのだった。

「セントラル占拠」を提唱してから間もないある日、テーブルの上に、いつの間にか封書が置いてあるのに気づき、心の内に寒気を感じた。手紙は発信元が伏せられた仕方で、「もしセントラル占拠の計画を継続するなら、仕事も名誉も自由も、そして家族までも、あらゆるものを失うことになるだろう」と、私に警告する内容だった。２０１３年3月27日に「愛と平和によるセントラル占拠宣言」を公表して以降、各方面からの批判・罵り・脅し・圧力があるだろうことは予測していたが、それが、いざ現実となると、これほどまでリアルに恐怖を感じるとは思いもしなかった。

恐怖とは、刺が骨にまで突き刺さっているようなものだ。その痛みは急に来るわけではないが、刺が深いところに隠れており、ある時突然、動悸とともに緊張が走り、一瞬にして、見えない壁で周囲の世界から切り離されたような、孤立無援の感覚に襲われる。この感覚は長く続くわけではないが、しかし自分でコントロールすることができず、また忘れた頃に、突然再び襲ってくる。

それだけでなく、「セントラル占拠」の計画を発表した直後の数週間、私は突如として多くのメディアに囲まれるようになり、社会の関心の的となったため、確かに飄飄然としてしまったことをも、認めねばならない。脚光を浴びることの誘惑を受けない人は、誰もいないだろう。しかし、相次ぐ訪問や会議で、すぐさま精神力をほとんど使い果たしてしまった。数か月後先までの過密なスケジュールを見ながら、強烈な疲労感が全身に怒涛のごとく押し寄せてくる。そのような時、心の壁に亀裂が入り、恐怖がそこを突き破るようにして襲ってくる。

私の母は「あなたは決して大胆な性格の人ではない」と、私が幼い時から言っていた。母がよく言うには、私は5、6歳の時、「おまわりさん」が通り過ぎるのを見るだけで顔が真っ青になり、唇は白くなり、母の後ろに身を隠していたのだという。教会の仲間や小学・中学・高校・大学の同級生、親友、同僚など私を知っている人は、誰も私が「セントラル占拠」を引き起こすなどとは、思いもしなかっただろう。実のところ、私自身、自分でもそのようなことは思いもしなかった。「信報」に文章を発表して以降、状況の進展に伴い、私は毅然として「セントラル占拠号」という船に「乗船」したものの、その後、どれほど多くの代価を払わねばならないのか、詳細なことは考えていなかった。

おそらく、これが私の性格なのかもしれない。すべきであると思ったことはとにかくするが、それが自分にどのような影響を及ぼすのか、あまり細かく検討しないのだ。香港大学で働いて20年、全ては軌道にのっており、仕事にも満足感を覚え、収入もよく、家族に安定した豊かな生活をさせることができていた。しかし、いったん「セントラル占拠号」という「船」に乗り込むと、快適な生活圏を離れ、風が猛り狂う大波の中に入り込んでしまった。当初はなんとか対応できていたが、しかし外からの波風に対抗するのには、力が足りなかった（もっとも、今は心の内側の波風のほうが、外からの波風よりも数千倍も強烈に感じられるが……）。

「これは始まりにしか過ぎず、終わりではない。遠くを見渡しても、次の到達点の道しるべさえ見えない。疲労と恐怖が私を呑み込もうとしている。果たして今後の道のりを歩き続けられるのだろうか」と、私は自問せざるを得なかった。

「まるで歴史の中を生きているかのようだ……」と、疲れた体を引きずりながら、駐車場から自宅までの路上で、独り言をつぶやいた。「セントラル占拠」を提案してからの2か月間、ほとんどの日々がこうして過ぎていった。その頃、多くの訪問のほか、さまざまな民間団体、学生組織、政治政党なども面会する機会が増え、各方面に「愛と平和によるセントラル占拠」の精神・手順・戦略についての理解を求めた。ある時は非公開会議、ある時は公開討論だったが、参加者同士の時間を調整しようとすると、いずれの場合も夜に開催せざるを得なかった。以前ならば、1週間の内、ほぼ毎日、帰宅して妻と子どもと夕食をとることができていたが、その頃は1週間の内、夜11時前に帰宅できた日など1日もなかった。

思わず、自問してしまう日々だった。「なぜこんなにも苦しい道を歩まねばならないのか」、「本来であれば、快適で安定した生活を送っていたはずなのに、なぜ疲労や恐怖に囲まれるこんな非人間的な生活に、自分を追い込んでしまったのか」と。しかし、こうした苦境は、単純に自分で選択した道というわけではない。確かに「信報」のあの文章は私が自分で書いたものだが、書いている時には世論の関心の的になろうとは思いもせず、心の準備がまったくできていない状態で、波が荒れ狂う大海に突然に放り出されたかのようだった。

とはいえ、これはやはり、私自身の選択であることに間違いはない。というのも、もし私のほうから陳健民《ちんけんみん》教授と朱耀明《しゅようめい》牧師に声をかけ、この市民的不服従の運動を一緒に始めていなかったならば、「セントラル占拠」は徐々に冷え込んでゆき、私はおそらく、運動の最前線から退いてしまっていただろう。

そんな時、旧約聖書の預言者ヨナの物語を思い起こした。神がヨナに対して、「ニネベに行き、街の人々に悪を悔い改めるように警告しなさい」と命じるが、ヨナはニネベに行きたがらず、船に乗り込み、神から逃れるために反対の方向に行こうとした。間もなく嵐に遭い、ヨナは最後には海の中に投げ入れられるが、大きな魚に飲み込まれ、3日間、魚の腹の中にいた。ヨナはそこで神に向かって祈り、神の命令に従うことを願ったので、神は魚にヨナを吐き出させた。

もし「セントラル占拠」が、北京中央政府や香港人に対して警告を発するようにと神が私に願っておられることだとすれば、たとえ今この時に自分がそれを実行することを望んでいなくとも、最終的には実行しなければならないのだろうし、そうであれば、今、行動を起こすほうが良いのではないか、とも考えた。しかし、これは本当に神の御心から出ていることなのだろうか。私は、またもや確信がもてなくなっていた。

こうした混乱と迷いの中で、私は心の内に響く神の声を聞いた。

「私は歴史を治める主である。あなたは私の手の中にあるのだから、歴史の中を生きているのは当然のことではないか」。

その時、私は涙が流れるのを抑えることができなかった。すべての迷いが消え去ったからだ。その時から、たとえ疲労や恐怖を感じることがあったとしても、信仰と勇気と力が心の深いところから少しずつ沸き上がってくるようになった。より重要なのは、たとえ行く末がどのようであるか分からなくとも、私を包み込んでくださる神が共にいてくださり、その神の驚くほどの大きな愛が、私を支え、前進させてくださる、と感じられるようになったことだ。歴史の主であるこの神が、はるか以前にすべてを備えていてくださり、険しく危険に満ちたこの道を歩むことができる力を私に与えてくださっているのだ、と気が付かされた。

「セントラル占拠」の計画を始めて間もない頃、ある友人が私のことを、次のように形容して言った。「君はプロサッカー選手のメッシと一緒にサッカーの練習をしてきた、控え選手のようだ。練習を通して、しっかりと課題をこなし、知らず知らずの内に鍛え上げられてきた。誰かがセントラル占拠をリードしなければならなくなった時、君はすでにその準備ができていたのだ」と。

「セントラル占拠」と題する文章を「信報」に投稿したとき、その後、十数か月におよぶ社会運動をリードするようになるとは、思いもしなかった。私が陳健民教授と朱耀明牧師と「愛と平和によるセントラル占拠宣言」を発表したその時も、その後に直面しなければならない試練が困難なものであることは分かっていたが、しかし、具体的にどのような試練が待ち受けているかは、あまり考えていなかった。セントラル占拠の計画を始めて間もない頃は、すべてのことが目まぐるしく進んでいった。運動が大きく勢いづいていく中で、各方面からの批判やニーズにどう対応すべきかなどを、立ち止まってしっかり考える時間などもなかった。とにかく、目の前のあらゆることに向き合わねばならず、ただ反射的に、また臨機応変に対応するだけだった。

私の妻は世界でもっともよく私を理解してくれている人だが、彼女は「今回、セントラル占拠の運動を引き起こしたのは、あなたがこれまでの生涯で学んだことを、一度に全部、活用できたということね」と言ってくれた。十数か月に及んだ「セントラル占拠」の計画期間、憲法についての知識から普通選挙の国際標準についての知識、また市民的不服従により法治と正義をいかに推進できるかという議論、さらにはこれまで確信しつつも実践する機会がなかった民主主義の理論についての討論、読み漁った公共的紛争の調停についての基礎知識など、これらすべてが役に立った。また、一連のプロセスの中で、考えが異なる人に忍耐強く耳を傾け、彼らを受け入れていくこと、そして異なる視点を丁寧に融合させていくことも新たに学んだ。

今、改めて、これまで歩んできた人生の道のりを振り返ると、最初に大学で法律を学び、さまざまな仕方で香港の民主化運動に参与してきた時から、イエス・キリストを知り、キリストに従う決心をした時まで、そして法律とキリスト教信仰を結び合わせることができる公共神学を見出した時にいたるまで、私は決して一人だったのではなく、神が常に共におられたことに気が付かされる。

私を造り、私を愛してくださる主なる神は、私が２０１３年初めに香港を変える政治運動を立ち上げることを、はるか昔にすでに知っておられたかのように思える。だからこそ、その時が来る前に、神はさまざまな方法を用いて、必要になる知識や能力を私があらかじめ身に着けられるようにしてくださり、また私をさまざまな事柄や人に出あわせることをあらかじめ定め、それらを受け止められる心理的素地をもった性格に私を形作ってくださった。

この道を歩み始めることさえも、神がはるか昔に私のために選びとってくださっていたかのように思える。歴史の主である神が歴史を創造される時、その神と共に歩むことができるのは、この一生が決して無駄ではないことの証となる。神が共にいてくださるので、どこまで行けるのか、また道の途中でどのようなことに出くわすのかなどを心配しすぎる必要はない。神が私を離れてしまうことも、私をお見捨てになることもないのだから。

高校3年の時、烏溪沙のキャンプ場で初めて流れ星を見たあの夜、私はその時にはまだ知らないでいた神に向かって願い事をした。神のご計画は実に不思議なものであり、私と妻は２０１４年から、その烏溪沙のキャンプ場近くの馬鞍山《マーオンサン》教会の礼拝に集うようになった。これまで歩んできた道のりを振り返ると、感慨無量の思いがする。それ以上に、私が神を知る前から、神は私を見捨てることなく、私を絶えず顧みてくださっていたことを、神に感謝している。風雲急を告げる香港において、教会は私たちにとって、嵐のような風雨から守ってくれる避け所であり、主なる神に養われる青草の原のようである[14]。教会の人々の祈りによって、私たち一家は歩み続けることができ、欠かすことのできない力を得ることができている。

注

（1）原題「信仰・民主・夢」。香港合同メソジスト教会の馬鞍山教会の刊行物に２０１７年7月2日に掲載されたものを、戴耀廷氏と同教会の許諾を得て訳出。

（2）戴耀廷（Benny Tai Yiu-ting, 1964–）香港出身。香港大学法律学部卒業、ロンドン・スクール・オブ・エコノミクス修士課程修了。元香港大学法律学部副教授。「セントラル占拠運動」発起人の一人。２０１９年4月、公衆妨害共謀罪などで禁錮1年4か月の実刑判決、その後保釈。２０２０年7月、有罪判決を理由に香港大学より解雇。

（3）「セントラル占拠運動」や「雨傘運動」を指す。

（4）香港新界沙田区の北東部地域。

（5）張達明（Eric Cheung Tat-ming, 1963–）法律学者、現在、香港大学法律学院首席講師。

（6）旧約聖書・詩編１３９・13、16。

（7）香港の代表的新聞の一つ。正式名称は「信報財経済新聞」（Hong Kong Economic Journal）。

（8）香港島にある金融街。

（9）梁国雄（Leung Kwok-hung, 1956–）長髪がトレードマークの香港の民主活動家。当時は民主派の立法会議員。

（10）梁振英（Leung Chun-ying, 1954–）香港の政治家。２０１２－17年に行政長官を務める。

（11）一度目の政治体制改革は２００４年、二度目の政治体制改革は２０１０年。

（12）戴耀廷の英語名、Benny Tai。

（13）『中国神学院研究期刊』第54巻、２０１３年。

（14）旧約聖書・詩編23・１－４「主は羊飼い、わたしには何も欠けることがない。主はわたしを青草の原に休ませ、憩いの水のほとりに伴い、魂を生き返らせてくださる。主は御名にふさわしく、わたしを正しい道に導かれる。死の陰の谷を行くときも、わたしは災いを恐れない。あなたがわたしと共にいてくださる」。

鐘を鳴らす者の言――被告人席からの最終陳述(1)

朱　耀明(2)

私は神の御業に仕えるために生涯を捧げた、キリスト教の牧師である。私は弱き者や貧しき者と共に歩むことを志し、神の正義と神の御国が天において現わされるごとく、この地上においても現わされることを祈り、愛と平和の福音を人々に伝えてきた。しかし、年を重ね、白髪となった今、私は法廷の被告席に立ち、処罰を待つ身として最終陳述を行おうとしている。これは極めて不条理で皮肉なことであり、そして聖なる職務を担う者にとって屈辱的なことである。

判決直前の2019年4月6日に行われた祈禱会で話す朱耀明（「時代論壇」より、撮影：鄭楽天）。

しかし、まさにこの時、私の心が私にこう語りかける。法廷のこの被告席は、牧師の生涯において最も崇高な説教壇であり、死の陰の谷(3)から霊的な高嶺へと導いてくれる場である、と。

数十年来、私は数えきれないほど説教をしてきたが、最も時間を費やし、最も祈りの心を注ぎ、そして最も聴衆が多い説教が、実に被告人席での陳述になろうとは、思いもしなかった。私はこの説教において、私の少年時代の物語、牧会時代の物語、香港の物語、民主主義の物語、最後の一マイルの物語、雨傘運動の物語を語ろうと思う。それらはまた、地上の物語であり、神の国の物語でもある。

古代のユダヤ人は、もはや苦しみや涙がなくなる、救い主の到来の日を待ち望んでいた。そして、キリストが肉体をとって人となり、我々人間の間に住まわれ、この世の苦しみと痛みを経験し、「苦しみや涙があるところにこそ、救い主がいる」という、救い主の真の意味を知らしめてくださった。

この不条理な時代、専制的な統治とねじ曲がった社会において、私は眠れる魂を呼び覚ますために、勇敢に鐘を鳴らす者たらんことを願う。

まずは少年時代の物語から、話し始めよう。

少年時代の物語

私は幼い時に父母を亡くし、頼れる人もなく、幼少期は故郷の祖母に連れ添われて生活していた。

小学生の時、残酷な土地改革運動[4]を目の当たりにした。感情を高ぶらせた群衆によって、多くの「地主」たちが公の場で吊し上げの批判を受け、ある者はその場で銃殺され命を落とし、ある者は屈辱に耐えかねて自ら命を絶った。こうした政治闘争下で土地や畑は荒廃し、人民は犠牲者となり、飢え渇き、木の葉や木の実で飢えを満たした。

私は祖母と互いに寄り添いながら、牛の放牧をし、田畑を耕して生き延び、「アメリカ帝国主義打倒」というスローガン[5]の下で小学校教育を終えた。

祖母が世を去ってからは、頼るべき人がいなくなってしまったが、祖母は死ぬ前、私を香港に送る申請手続きを、同郷の知人に依頼してくれていた。私は自分の荷物を担いで、丸一日歩いて、ようやく台城駅[6]に着いた。

香港に到着してすぐ一日目から、働きながらの学生生活を始めた。調理や洗濯だけを際限なくする仕事に満足できず、そこを飛び出し、野宿をしながら、靴磨きをして生計を立てた。人に見下されたり、ヤクザに騙されたり、殴られたりしたことが幾度あったことか。

ある時、私はリウマチ性心臓病にかかり、2か月間、入院した。病床に横たわりながら、死を目前にしてもがき苦しむような患者がいるかと思えば、親せきや友人に見舞ってもらえるような患者がいるのも見た。そして、私は自分が天涯孤独であることを思い知らされ、これほど、悲しく辛いことはないと感じた。

私は自問し始めた。生きることに、いったい何の意味があるのかと。私にとって、生きることは重荷のようであり、死ぬことは完全な解放であるかのように思えた。私が死ぬことや解放されることで頭がいっぱいになっていた時、ある親切な年配の女性が、学校用務員の仕事を紹介してくれた。その学校の主任は神を愛する敬虔なキリスト者であり、いつも私に福音を伝え、そして私を教会の礼拝に誘ってくれた。

「わたしは道であり、真理であり、命である」(7)というイエスの言葉は、苦しみだらけの中にいた私にとって灯《とも し》火《び》のようであり、私に命の光を与えてくれた。

こうして、少しずつ分かるようになったことがある。生活がたとえ孤独で苦しくとも、もし人の世界に愛と正義と真理の道があり、生きる価値と意味を見出せる、そのようなより高い道がある限り、私はなお諦めず、志を立てて、その道を生きていくことができるのだ、ということを。

私は神の恵みに依り頼みつつ、また信仰によって、勉学面と経済面の困難を乗り越えることができた。仕事を辞める際に手にした最後の1か月分の給料１３０香港ドル(8)を元手に、私は働きつつ学ぶ生活を再び始め、3年間の高校、4年間の高等専門学校、3年間の神学校の課程をそれぞれ修了することができた。そして、伝道者となる準備をし、社会の底辺部に仕え、弱き者や貧しき者と共に歩み始めた。

行く先の道において、もはや孤独ではないことを私は知っていた。主なる神が、私と共に歩んでくださるからだ。

牧会時代の物語

1974年、私は柴湾《チャイワン》バプテスト教会の働きに遣わされた。当時の柴湾は、長年にわたり「紅番区」（ヤクザが横行する貧民区）と見なされており、人口が過密で、住民の生活は困窮し、教育水準も低く、医療衛生状態も悪く、失業率も高かった。児童に対する公教育制度はあっても、愛情と関心を払ってもらえるような家庭環境はなく、ベッドと洋服掛けを一つずつしか置けないような小さな部屋の難民アパートに、大人から子どもまで一家がすし詰めのようにして住んでいた。住民の生活は苦しく、環境は劣悪であり、青少年の麻薬使用率や犯罪率が非常に高かった。

さらには、多くの家庭が木造のバラック小屋に住んでいたため、夏には台風や大雨の被害があり、冬には深夜の火災が頻繁に起こった。その度、私は救助のために災害現場に駆け付け、被災者を抱きしめ、慰めたが、こうした貧しい人々の苦しみや無力さを身に染みて感じさせられた。教会は慈善基金を活用し、不運に見舞われた被災者を援助した。

ある時、一人のキリスト者の兄弟が[9]、市政府から不公平な待遇を受けて露店の経営ができなくなった、と訴えてきた。彼は自分が所属する教会の牧師に助けを求めたが、その牧師は「あなたのために祈ってあげよう。祈りが終わったら、朱耀明牧師を訪ねるように」とだけ言ったのだという。この兄弟が私のところに来た時、私も同じように「共に祈ろう」と言った。しかし私はさらに、彼が行政局と立法局の両方の不服申立窓口[10]に行くのに同行し、その結果、問題は無事に解決した。私はキリスト教の伝道者として、着る服や食べる物がない人に対して、「安心して行きなさい。温まりなさい。満腹するまで食べなさい」とだけ言うことなどはできない。「体に必要なものを何一つ与えないなら、何の役に立つだろうか」と、聖書は問いかけている。[11]

教会は一歩ずつ前に進み、希望を広める共同体とならねばならない。教会はさらに一歩前に進み、苦しみや痛みを抱きしめる共同体とならねばならない。一歩ずつ前進することにこそ、教会が存在している真の意義がある。私は庶民の人々と共に歩むことを心に決めたからには、一歩ずつ前に進み、人々と共に生活の改善を勝ち取り、東区走廊[12]の建設を勝ち取り、東区病院の建設を勝ち取り[13]、木造住宅居住者のアパート居住を勝ち取り、労働者の生活改善を勝ち取ってきた。希望は、何かを勝ち取ろうと戦う人々のただ中にあるのだ。

しかし、教会には保守的な傾向があり、伝道者が社会運動に参加することを、常日頃から憂慮していた。私が東区病院の建設を勝ち取ろうと運動に参加していた時、私の教会は政府に対して教会堂建設のための土地使用許可を申請していた。その件に関して初めてテレビ局取材を受けたが、内心ではやや不安を覚えていた。というのも、政府が我々を圧力団体だと見なし、土地使用許可を批准しないのではないかということ、また私の牧師仲間や教会の信徒たちが、教会の牧師の社会運動参与に対して理解を示してくれないのではないかということが、心配だったからだ。

しかし、聖書が私に大きな勇気と力を与えてくれた。聖書には、イエスが肉体をとって人となり、私たちの間に住まわれ、「貧しい人に福音を告げ知らせ……捕らわれている人に解放を、目の見えない人に視力の回復を告げ、圧迫されている人を自由にする[14]」と宣言されたことが、記されている。これこそ、人類救済の良き知らせではなかろうか。

その後、権力をもった人々は憤慨して、イエスを山の崖まで連れて行き、突き落として死に至らしめようとしたが、イエスは決して恐れることなく、人々の間をゆっくりと通り抜けて立ち去られた。

この世に生を受けた私たちは、「わたしにとって、生きるとはキリストである[15]」というパウロの教えを、よく心に刻まねばならない。

「キリストには体がない」（アビラの聖女テレサ[16]の詩）

キリストは、あなたを、ご自身の体とされる。

キリストは、あなたの両手を、ご自身の両手として用いて、ご自身の御業を完成される。

キリストは、あなたの足で、世界中を行き巡る。

キリストは、あなたの両眼を通して、憐れみの眼差しを世界に向けられる。


私は、神の僕《しもべ》として召し出された者として、キリストに倣い、キリストの御足の後に従い、キリストが託してくださった使命を担い、主なる神が私たちを心にかけてくださっていることを世に伝え、いかなる政治的圧力や人の評価をも恐れない。

一歩ずつ前に進み、人々と共に歩むこと、これこそ一歩ずつキリストに従うことである。

香港の物語

我々の世代は、戦禍を経験し、香港に難民として逃れ、故郷を離れて苦しい生活を過ごしてきた。それでも、数十年も努力しさえすれば生活が安定すると思っていた。１９８４年に中国政府とイギリス政府が「中英共同声明」に署名し、１９９７年には香港が中国に返還されることになった。中国政府は、「一国二制度」「香港人による香港統治」「高度な自治」の実施を約束し、これらは返還後50年間は変わらないことを保障すると言っていたが、香港の人々の不安は払しょくされなかった。

こうした状況に対し、教会は「香港は我が家」という運動を推進し、香港を離れないようにと香港人を励ました。[17] １９８４年９月、89の団体が土瓜湾《トウグァワン》の「高山劇場」に集まり、「政治的主権を市民に返す」ことを政府に要求した。同じ年、香港の教会は人々の確信を醸成するために、「今日の社会的・政治的変遷における香港キリスト者の確信」[18]を発表し、次のような主張を明確にした。

> １９９７年以降も高度な自治を維持し、神が賜った人権と言論・出版・結社・集会・出入境・信仰・伝道などの自由を、市民が享受すること。
>
> 政府は香港市民に対して、直接的に責任を負うべきである。政府は、単に香港の経済発展にだけ力を注ぐのではなく、同様に重要なのは、市民の中のサイレント・マジョリティーの利益を重視することである。また政府は、立法・司法・行政の独立を維持し続けねばならない。

こうした確信は、「すべての人は神の形に似せて創造された」[19]という、我々の信仰に基づいている。したがって、人はみな尊敬と保護を受けるべきであり、そのためにも我々は力を尽くして民主主義を勝ち取らねばならない。なぜならば、民主主義は自由・平等・博愛を追い求めるからである。政治的な自由は、国家に対する一方的な忠誠よりも重要である。自由とは、人の尊厳が認められることであり、一人ひとりが社会に生きる中で、それぞれ独自の潜在性と能力を発揮し、それによって社会に貢献し、社会を創造的に形成できることである。そして人権とは、神から賜るものであり、いかなる政治権力も恣意的にそれを奪うことはできない。

残念なことに、１９８９年の北京での民主化運動は、中国共産党政権による「虐殺」[20]により終焉を迎えた。香港人はこの結末を目の当たりにし、身の毛がよだつほどの恐怖を感じ、民主主義に対する要求はさらに切実なものとなった。[21]この時期、香港社会では、香港人へのパスポート発給をイギリスに対して求めたり、１９９１年の立法局議員選挙での普通選挙制度導入を求めたりする声が聞かれるようになった。１９８９年の天安門事件以降のこうした動きの中で、私自身は主に、中国の民主活動家の亡命の手助けをし、彼らの苦しみを共にした[22]。

１９９１年には、立法局の一部の議席に対して直接選挙による地区選挙が実施され、１９９５年には直接選挙による議席数がさらに増加した。また同じく１９９１年には当時の香港総督デイヴィッド・クライブ・ウィルソンが「香港人権法」に署名し、香港にすでにあった「社会団体条例」と「公安条例」が「市民的及び政治的権利に関する国際規約」に抵触していると指摘したため、これらの条例中、香港人権法に矛盾する条文が修正された。普通選挙制度の実現には、こうした少しずつの進度やスケジュールがあり、香港人権法はそのさらなる一歩を香港人に保障するものだった。

私自身はこうした政治制度設計に関する議論にはあまり加わらず、特に医療や高齢者福祉、また退職保障など市民生活に関することに多くの力を注いだ。香港の民主・自由・人権・法治が日々良くなってきていると、私は心の内に純粋な希望を抱いていた。

民主化運動の物語

ところが、こうした純粋なあらゆる希望は、日ごとに茫漠としてゆき、私は民主主義を勝ち取るために、新たな船出をしなければならなかった。

聖書に登場する預言者アモスは、正義と公平に最も関心を注いでいた。彼は、富める者だけが繁栄し、貧しき者は不公平な扱いと圧迫を受けているような、秩序の乱れた不条理な社会を目の当たりにし、世に対して「あなたがたには災いが降りかかる。なぜなら、あなたがたは正義を歪曲し、人々の権利を奪ったからだ[23]」と、警告を発した。

香港には７００万人以上の人が住んでおり、人々はみな平等なはずだが、政府は市民の立候補権と選挙権を奪い、初代行政長官[24]はたったの４００名の選挙委員会により選出された。政府も市民も、一切それに参与していない。今日に至っても、１２００名の小さな集団にしか過ぎない選挙委員会[25]によって行政長官が選ばれる仕組みとなっている。政府の眼中には市民は存在しておらず、市民も政府を信用していない。怒っている多くの市民に対して、行政長官は素っ気ない朝の挨拶を一言するだけで、あとは市民を見て見ぬふりだった。

２００３年にＳＡＲＳが香港を襲った時、政府の感染防止対策は効果がなく、その結果２９９名が死亡し、１７５５名が感染してしまった。市民が懸命に互いに助け合っているさなか、行政長官の董建華《とうけんか》は香港人の連帯や同情の心を踏みにじるかのように、「香港基本法第23条」の立法化を試み[26]、それが50万人規模の抗議デモを引き起こした。その後、彼は最終的には「足の痛み」という健康上の問題を理由に辞任した。

立法会の議員には職能団体枠があり[27]、それが結果として議員個々人の議案提案権を奪っており、政府は職能団体と保皇党[28]の票数を掌握しさえすれば、政府議案を容易に通過させることができてしまう。こうした専制政治に向かうような制度によって、市民生活は返還前よりも苦しくなり、人々は無力感が増し、さらに落胆してしまった。

我々はもはや、沈黙しているわけにはいかなかった。平等な人権のために、民主主義をさらに前進させねばならない。そこで、民主主義の願いの初心に基づき、２００２年、我々は弁護士・学者たちで「香港民主発展ネットワーク」を結成した。特に、陳健民《ちんけんみん》教授[29]が30名以上の専門家の教授たちと、香港基本法に符合する民主化に向けた政治体制改革案の研究をリードしてくれた。２００４年4月、同ネットワークは政治体制改革案を完成させ、それを政府に提出した上で一般に公開し、社会全体で民主的政治体制の議論を深めようと考えていた。

ところが、同じ２００４年の4月6日、中国の中央政府が香港基本法の解釈権を行使して、２００７年と２００８年の普通選挙の実施を却下する決定を下してしまった。政治体制改革案の研究に参与していた学者たちは非常に憤り、同年5月の記者会見では、抗議の意を表すために黒い衣装で身を包み、「香港の民主、すでに死せり」と宣告した。
その後、私は公民教育と、教会の社会奉仕活動に専心した。

最後の一マイルの物語

２００８年、私は大腸のバリウム検査を受け、検査の結果、即時入院となり、緊急外科手術を受けねばならなくなった。術後の生存確率は50％しかないと、医者は私に告げた。生死の境をさまよい、自分の終わりが近いと感じた時、私は息子に、「我が子よ、母の世話を良くするように」と言い聞かせた。

しかしその後、神の恵みと、医者の心のいきとどいた治療のおかげで、私は一命を取り留めた。病から立ち直った後、私の心にはもはや三つの願いしかなかった。第一は、自分が教会の働きを引退した後の引継ぎをよくすること。第二は、妻と家族に連れ添う時間を大切にすること。特に二人の孫たちと一緒に水泳や水遊びをすることは、私の何よりの楽しみだ。第三は、民主化運動の歴史に関する本を書くこと。これだけできれば、私は満足だった。２０１０年に引退した際、私の体を心配してくれる多くの教会関係者と友人たちも、「朱牧師、あなたは教会と社会のために、十分に心を尽くし、力を尽くしてくれた。これからはよく休み、家族に連れ添ってあげるように」と勧めてくれた。

２０１３年1月、戴耀廷《たいようてい》教授が「市民的不服従——殺傷力の最も大きな武器」と題する文章を新聞に発表した時、私はそれほど意に介していなかった。ところが、２０１３年2月、戴耀廷教授が、「市民的不服従」に参加するようにと、陳健民教授と私にも声をかけてきたとき、私は驚き、また愕然とした。私は老人にしか過ぎず、体にはいくつもの病を抱えているのに、どうしてそのような運動に加わることなどできようかと、戸惑いを覚えた。親友の陳健民教授に電話で相談し、彼の意見を求めた。すると彼からは、「朱牧師、私は今パリにいるから、あなたのほうで先に、戴教授に承諾の連絡をしておいてください。私が帰ってから、詳しいことを相談しましょう」という、意外な返事が返ってきた。

政府が統治に失敗し、道徳的にも失墜し、威信を失い、対立をあおる分断統治を行い、市民の死活問題を顧みようとしない状況を見ていると、２０１７年の行政長官選挙で普通選挙が実施される見込みなど、ほぼないように思えてならなかった。それにもかかわらず、戴耀廷教授と陳健民教授は正義と公正のために犠牲をもいとわず、２０１７年には一人一票の行政長官選挙の実現を勝ち取ろうとしている。私はすでに70歳の高齢だったが、良心の呼び声を禁じえず、我が兄弟を決して孤立させてはならないと思った。

青年時代、キリストが私に、真理とは何かを教えてくださり、私は孤独な人生を離れることができたのを、今でも思い起こす。教会において、キリストが私に、貧しき者を抱きしめ、彼らを再び孤独にさせないようにと諭してくださったことを、今でも思い起こす。そして今日、民主主義の角笛が再び鳴り響くとき、私は心あるこれらの人を、どうして孤独にさせることなどできようか。私の目は、再び光を見た。良心によってあと一歩前に進もう、人々と共にあと一マイル歩もう、と私は考えた。

聖書は、「清い心と正しい良心と純真な信仰とから生じる愛を目指す[30]」と教えている。清い心と、純粋な思いと、聖性を持って、利益を求めず、権力を欲せず、事柄を隠蔽せず、ただ香港のために最後の力を振り絞り、香港人と共にもう一歩だけ前に歩もう、と私は決心した。

２０１３年３月27日、私たち三人（朱耀明、戴耀廷、陳健民）は、教会の十字架の前で「愛と平和によるセントラル占拠宣言」を読み上げることにし、犠牲と苦難を厭わない、非暴力による市民的不服従への参加を宣言した。その日、私はこのように祈った。

神よ、私たちは畏敬の念と、謙遜な思いと、祈りの心をもって、あなたとこの世界の前に集ってまいりま

> した。私たちに、憎しみの心はありません。むしろ、私たちの心は愛を抱き、いかなる人をも打ち負かそうとは思わず、またいかなる政権に対しても対抗したり反対したりする意図はありません。また私たちは法律を遵守しますが、現在の政治体制の不正義なところを明らかにするために、この身をもってあえて法に反する行為をすることもいたします。たとえ、私たちがこの行動によって自分たちの自由を失うことがあったとしても、そのことによって今日の社会、そして次の世代に、より大きな自由をもたらすことができるならば、自分たちが自由を失うことなどは取るに足らない微々たることにしかすぎず、私たちはそのことを心より願います。……私たちは、平和的かつ非暴力的な運動であることを選び取りました。私たちが直面する不正義の力はとても大きく、権力者たちは手強い相手ですが、私たちは決して恐れることなく、逃げ出すこともしません。私たちは自分自身の人間としての尊厳を再確認し、平和的かつ非暴力的な方法で戦うことを選び取り、不公平な法律の不正義を明らかにし、悪が再び合法的な枠組みの中に隠れることができないようにさせます。

「愛と平和によるセントラル占拠」運動は、もともとは市民の公開討論や住民投票、市民による権限委託(31)、対話集会などを通して普通選挙を勝ち取ることを目指すものであり、市民的不服従運動を展開するのは、やむを得ないときの最後の手段であった。

ところが、中央政府は２０１４年６月に「香港特別行政区における一国二制度の実践」白書を発表し、「中央政府が全面的に香港を管理・統治する」ことを宣言した。それでは、中英共同声明の中の「一国二制度」「香港人による香港統治」「高度な自治」は、いったいどうなるのか。中央政府の官僚は、驚くべきことに、「返還以後、中英共同声明はすでに失効している」と答えた。中英共同声明が白紙同様であるとは、これまで思いもしなかった。

中央政府は本来、２０１２年の時点で、２０１７年の普通選挙による行政長官選挙を承認していたはずだったが、全国人民代表大会常務委員会が２０１４年８月31日に下した決定[32]〔８・31決定〕により、すべての扉が閉ざされ、普通選挙と対話の門も閉ざされてしまった。

「セントラル占拠運動」発足記者会見の会場とした教会にて、左から朱耀明、戴耀廷、陳健民（セントラル占拠運動公式ホームページより）。

雨傘運動の物語

対話の試みはすべて尽き、セントラル占拠運動が実際に発動し始めた。「愛と平和によるセントラル占拠」運動は、本来は２０１４年10月１日に正式に開始する予定であり、そのために９月18日には許可申請を警察に出し、９月25日に警察と詳細を協議することになっていた。ところが、９月22日、香港学生連盟[33]が８・31決定に抗議するために一週間の授業ボイコットを実施し、政府本部庁舎の外でも抗議集会を行い、さらには授業ボイコットをしていた別の学生団体・学民思潮[34]が９月26日に政府本部庁舎の「公民広場」に乱入するという出来事が起こった。学生リーダーが拘束されたが、それがかえってより多くの市民の抗議を引き起こし、政府本部庁舎の外の道路は人で埋め尽くされた。市民たちは「学生を守れ！」と声をあげると共に、「セントラル占拠」をすぐに始めることをも要求した。

９月27日の夜、我々は現場にいた学生代表と会議を開き、双方合意の上で、9月28日午前1時40分、戴耀廷教授が占拠行動の開始を宣言した。しかし、集まっていた人々は現場から離れ初め、間もなく学生連盟は、「これは学生の運動であり、セントラル占拠運動の一環ではない」と宣言してしまった。

9月28日の朝、警察は政府本部庁舎に通じるすべての道路を封鎖し、意図的に封鎖線の中にいる学生と市民を孤立させようとした。同日正午頃、梁振英《りょうしんえい》[35]行政長官が午後3時半に記者会見を開くという知らせがあった。我々は「命運自主」[36]ステージ台の周りに座り、話し合っていた。すると、警察が強制排除に乗り出そうとするのが見えた。今回の行動は未だセントラル占拠運動ではないため、私はボランティアやピケ隊にすぐに現場を離れ、逮捕されないようにと呼びかけた。さもなければ、10月1日の集会を主催する人が誰もいなくなってしまうからだ。当初、我々3人（朱耀明、戴耀廷、陳健民）で協議した際、私もボランティアたちと一緒に現場を離れるつもりでいた。しかし最終的には、やはり私も現場に留まり、警察による強制排除を待つことにした。我々3人は座りながら互いに手を取り合い、共に逮捕される覚悟をしていた。「命運自主」ステージ台の上に目をやると、学生リーダーたちと民主派の立法会議員たち、また陳日君《ちんにちくん》枢機卿[37]も互いに手を取り合いながらステージ上に座り、逮捕されるのを待っているのが見えた。

同日午後5時58分、突然、銃声が聞こえ、ハーコート・ロード（夏慤道）に煙が立ち込めているのが見えた。前線にいる市民たちが「警察が催涙弾を発射した！」と大声で叫んでいた。

我々の計画では元より、もし警察が武力を用いた場合、デモ隊を守るために撤退を勧めるつもりでいたが、ましてや警察が「即座に解散しなければ発砲する」という警告旗を掲げたからには、なおさらだった。陳日君枢機卿もすぐさま大声で、「無意味な犠牲とならず、すぐに撤退するように。理性を失ったこの政府のことで、犠牲になる必要はない。今は犠牲を払うべき時ではない。すぐに撤退だ！」と呼びかけていた。この時、私の脳裏には北京の天安門事件の情景が浮かび、「必ず学生を守り、群衆が傷を負わぬよう保護しなければ」と、心の内で叫んだ。

10月3日、我々は自首すべきかどうかを議論し始めたが、学生たちを孤立状態で戦わせてはいけないと思い、道路占拠の現場に留まることにした。

10月4日午後、我々は、政府本部庁舎の警護に当たっている警察たちに食料がないことを知った。いかなる抗争であっても決して人の尊厳を傷つけてはならない、という我々の信念に基づき、同日午後6時前、食料搬入ができるように道路の一部と海富天橋(38)を一時開通させた。

その後、私は、学生側と政府側の対話を積極的に促した。対話こそが、運動に参与する全ての者の安全を保障すると信じていたからだ。また、雨傘運動の中に対話の門が再び開かれることで、香港と北京政府の間の理性的な対話の継続を促せると考えていた。

学生側と香港政府側の第一回の対話集会が10月10日に予定されていたが、10月3日に旺角《モンコック》(39)のデモ参加者がヤクザに殴打される事件が起きたため、対話集会が中止されてしまった。しかし私はなおも諦めず、対話の道を模索し続けた。多くの人の幾度にもおよぶ説得の努力により、ようやく学生側と林鄭月娥《りんていげつが》(40)政務長官の公開対話が、10月21日に実施されることが決まった。ところが、残念なことに、学生側が対話の継続を望まなかったため、良かれと願っていたことがふいになってしまった。

私は心配でたまらなくなり、安眠することができなかった。我々3人（朱耀明、戴耀廷、陳健民）は、陳日君枢機卿と李柱銘《りちゅうめい》(41)氏と一緒に何度も祈り、神が学生とデモ参加者たちを守ってくださり、また進むべき道を示してくださるようにと祈った。

群衆は決して恐れることなく、撤退することなく道路を占拠し続けた。デモ隊に向けられた87発の催涙弾は、かえって多くの市民を刺激し、10万人以上が街頭での抗議活動に参加し、怒涛の勢いで雨傘運動が展開していった。雨傘は本来、太陽の日差しや雨風を防ぐために用いられるものだが、運動の期間、警察が猛烈な勢いで発射する催涙弾や催涙スプレーの煙から身を守る道具として使われた。雨傘運動は、政治体制に対する市民の不満や失望が長年にわたり鬱積していたことが背景となり、特に若者たちが自分たちの運命は自分たちで開くことを切に求めて、発生したものだった。

79日間におよぶ道路占拠の期間、抗議活動には１２０万人が参加したが、その間、いかなる建物も破壊されたり、またいかなる物も燃やされたりせず、香港市民の素質の高さを示すことができた。道路占拠一帯の商店は損害を受けなかったばかりか、デモ参加者たちは特に小さな商店を激励し、商売に影響が出ないように支援した。また多くの商店や市民は、食事・水・毛布・テントなどをデモ参加者たちに差し入れし、彼らを支援した。このように、デモ参加者たちは、相互支援・相互愛の精神を大いに発揮した。ヤクザからの暴力的攻撃に遭い、また警察の暴力的殴打により頭から血を流しても、デモ参加者たちは平和的な非暴力の理念をもち続け、決して引き下がることはなかった。平和と非暴力を理念とする市民的不服従の種は、すでに人々の心の中に深く植えられていたのだ。

この運動は、元より市民覚醒運動でもあった。市民一人ひとりが自分の信念をもち、自分にできる貢献を自ら進んでできるようになることを期待し、また政治家や官僚の良心が呼び覚まされることを願っていた。

幸福で快適な平和に満ちた生活は、私たちの共通の夢であり、神の御心でもある。だからこそ、我々はこの世において、そのことの実現に努める。正義なきところに、平和はない。聖書の言葉にあるように、「正義が造り出すものは平和であり、正義が生み出すものはとこしえに安らかな信頼である[42]」のであり、また「慈しみとまことは出会い、正義と平和は口づけ[43]」するものだからである。

法律と秩序は、いかなる社会においても必要不可欠なものである。しかし、もし法律が権力をもった既得権益者だけを擁護し、不法や横暴を制度的に正当化するならば、社会の道徳的基盤は跡形もなく消え去ってしまい、権力なき者は法治制度の犠牲者となってしまう。そうなれば、政権は国家安全の名目で、「迫害、追放、恣意的な逮捕と拷問、強制失踪、抹殺と暗殺」によって、「平和」なるものを維持しようとするだろう（ルネ・パディーラの言葉より）[44]。

あなたがたは、我々の「市民的不服従」に問題があると言うかもしれない。しかし、それは誤りだ。

我々の問題は、むしろ「市民的服従」にこそあるのだ〔傍点訳者〕。

こうした服従が、世界中の無数の人々を自分たちの政府の独裁的指導者に従わせ、戦争に駆り立て、その結果、何百万もの人々が命を落としてしまった。

こうした服従が、世界中の無数の人々を貧困・飢餓・愚昧・戦争・残虐に対して無関心にさせてしまった。

こうした服従が、一方では小さな罪を犯した犯罪者で監獄をいっぱいにしておきながら、他方では大きな悪を犯した大悪者が国の指導者になる状況を生み出してしまった。

ハワード・ジン[45]

最後の総括陳述

今日は２０１９年４月９日だが、今から51年前の４月４日は、平和と非暴力を主張して人権を勝ち取ろうとしていたマーティン・ルーサー・キング・ジュニア牧師が、銃で暗殺された日である。この賢き先人の言葉は、今でも私たちを励まし、そして私たちに呼びかけている。

「我々は、抵抗しなければならない。なぜならば、自由は決してただで与えられるものではないからだ。

権力を有する抑圧者が、抑圧される者に対して、自発的に自由を与えるなどということはあり得ない。……

権利やチャンスは人々の犠牲と苦しみを通して、初めて獲得できるものなのだ」。

「憎しみが憎しみを生み、暴力が暴力を生む。……我々は憎しみの力に対して、愛の力で立ち向かわねばならない。我々の目標は、決して白人を打ちのめすことでも、彼らに恥をかかせることでもない。むしろ我々は、彼ら白人の友情と理解を勝ち取らねばならない」。

キング牧師は、「正義なきところに、真の平和なし」とも語っていた。香港に住む市民の皆さんに、私はお願いしたい。不正義な制度の下で迫害を受けている者を憐れみ、そして愛するようにと。またデモ参加者のみならず、警察をも憐れみ、そして愛するようにと。さらに、私は祈り願う。憐れみの心が私たちの内に勇気を生み出し、この制度的な悪に立ち向かうことができるようにと。

雨傘運動において、私は一人の鐘を鳴らす者にしか過ぎなかった。人々に対して警鐘を鳴らし、不幸や災難が今まさに起こっていることを知らせ、人々の良心を呼び覚まし、共に力を合わせて苦境を乗り越えることを願っていた。老いつつあるこの身になお力があるならば、私は必ずや教会において鐘を鳴らし続け、この世において鐘を鳴らし続け、そして人々の心の中でも鐘を鳴らし続けるだろう。

「人よ、何が善であり、主が何をお前に求めておられるかは、お前に告げられている。正義を行い、慈しみを愛し、へりくだって神と共に歩むこと、これである[46]」。

私、朱耀明、および戴耀廷と陳健民は、今、被告席において宣言する。

我々に後悔はない。

我々に恨みはない。
我々に怒りはない。
我々に心残りはない。
我々に諦めはない。

イエスはこう言われた。「義のために迫害される人々は、幸いである、天の国はその人たちのものである[47]」。
慈愛と正義の神よ、あなたの御手に私自身をお委ねします。あなたの御心がなりますように。

注

（1）原題「敲鐘者言」。２０１９年4月9日、香港西九龍地方裁判所において、朱耀明によって読み上げられた最終陳述。

（2）朱耀明（Chu Yiu-ming, 1944–）広東省出身。少年期に香港に移民。台湾バプテスト神学校卒業。香港柴湾バプテスト教会で36年にわたり牧師を務める。２０１０年に引退し、現在は同教会名誉牧師。香港民主発展ネットワークや香港市民愛国民主運動支援連合会にも参加。「セントラル占拠運動」発起人の一人。２０１９年４月、公衆妨害共謀罪などで禁錮1年４か月、執行猶予2年の判決。

（3）旧約聖書・詩編23・1－4節「主は羊飼い、わたしには何も欠けることがない。主はわたしを青草の原に休ませ／憩いの水のほとりに伴い／魂を生き返らせてくださる。主は御名にふさわしく／わたしを正しい道に導かれる。死の陰の谷を行くときも／わたしは災いを恐れない。あなたがわたしと共にいてくださる」より。

（4）中国大陸で１９５０－53年にかけて、中国共産党政権の主導で推し進められた農地改革。

（5）１９５０年の朝鮮戦争勃発以降、中国大陸では反米運動が展開されていた。

（6）広東省台山市にある駅。

（7）新約聖書・ヨハネによる福音書14・6。

（8）朱耀明は、1969年に台湾バプテスト神学院に入学し、3年間の修士課程を修了している。
（9）キリスト教では、信者同士がお互いを神にある家族として、「兄弟姉妹」と呼び合う。
（10）香港返還後は「立法会」に移行。
（11）新約聖書・ヤコブの手紙2・14－17「わたしの兄弟たち、自分は信仰を持っていると言う者がいても、行いが伴わなければ、何の役に立つでしょうか。そのような信仰が、彼を救うことができるでしょうか。もし、兄弟あるいは姉妹が、着る物もなく、その日の食べ物にも事欠いているとき、あなたがたのだれかが、彼らに、『安心して行きなさい。温まりなさい。満腹するまで食べなさい』と言うだけで、体に必要なものを何一つ与えないなら、何の役に立つでしょう。信仰もこれと同じです。行いが伴わないなら、信仰はそれだけでは死んだものです」。
（12）1980年代に高速道路や住宅などが整備された、香港島の北東部地域。
（13）東区病院建設要請運動には、朱耀明牧師のほか、香港合同メソジスト教会の盧龍光《ろりゅうこう》牧師やカトリック教会の関《かん》傑棠《けつとう》神父など、複数の聖職者が加わっている。
（14）新約聖書・ルカによる福音書4・18。
（15）新約聖書・フィリピの信徒への手紙1・21。
（16）アビラの聖女テレサ（1515–1582）スペイン出身のカトリック修道女。神秘家また女子カルメル会改革者として知られる。
（17）1980年代から90年代にかけて、富裕層を中心に、海外への移民が相次いでいた。
（18）原題は「香港基督徒在現今社会及政治変遷中所持的信念献議」、通称「信念書」。
（19）旧約聖書・創世記1・27「神は御自分にかたどって人を創造された。神にかたどって創造された」。
（20）中国人民解放軍が民主化運動を武力鎮圧した、天安門事件を指す。死者数は数百人とも数千人とも諸説あり、全貌は未だ明らかにされていない。
（21）天安門事件の翌年から、香港では事件が起こった6月4日に犠牲者の追悼集会がビクトリア・パークで開催され、毎年数万人から十数万人の市民が参加していた。この集会は追悼集会であると同時に、香港の民主化要求の運動の一環でもあったが、2020年6月4日は、新型コロナウィルスの影響という理由で、初めて集会の許可が下りなかった。

（22）天安門事件以後、民主活動家を中国大陸から香港経由で海外に亡命させる「黄雀作戦」に、朱耀明牧師も中心的に関わった。
（23）旧約聖書・アモス書5・7。現代中文訳本改訂版（１９９７年）からの日本語訳。日本語の新共同訳聖書では「裁きを苦よもぎに変え、正しいことを地に投げ捨てる者よ」。
（24）董建華（Tung Chee-hwa, 1937–）　１９９７年から２００５年までの香港特別行政区の行政長官を務める。
（25）現在の選挙委員会の１２００名は、主に親中派の財界人によって多数が占められている。
（26）香港基本法第23条には、「国家に対する叛逆、国家の分裂、叛乱の煽動、中央人民政府の顚覆及び国家機密の窃取の禁止」に関する、いわゆる「国家安全条例」を、将来的に立法化することが目標として規定されている。
（27）香港の議会にあたる立法会の議員選挙は、議員定数の半分が工業・商業・教育など各方面の業界団体より選出される制限選挙、残りの半数が直接選挙でえらばれる普通選挙で実施される仕組みとなっている。
（28）親中国政府の議員を指す表現。「建制派」（体制派）とも呼ばれる。
（29）陳健民（Chan Kin-man, 1959–）　元香港中文大学社会学部副教授。２０１４年の雨傘運動のリーダーの一人として民主化運動の先頭に立つ。２０１９年1月に同大学を辞職、公衆妨害共謀罪などで有罪となり、同年4月に収監、２０２０年3月に釈放。
（30）新約聖書・テモテへの手紙一１・５。
（31）専門家の意見を踏まえて国際基準に合致する複数の普通選挙方法案を提示し、住民投票により選挙方法案を選び、その上で、香港政府と中央政府に選挙方法案を提案する権限をセントラル占拠運動主催者に委託することを指す。
（32）形式的には一人一票の投票権を与えるが、事実上、民主派の立候補が不可能となり、親中派の立候補者の中からしか行政長官を選出できないという仕組み。
（33）正式名称は「香港専上学生連会」、複数の大学の学生会の連合組織。
（34）学民思潮は、中高生を中心とする学生組織。当時高校生だった黄之鋒（ジョシュア・ウォン）や周庭（アグネス・チョウ）などが中心的な役割を担っていた。
（35）梁振英（Leung Chun-ying, 1954–）　第三代行政長官、在職期間は２０１２年から２０１７年。

（36）民主派団体が公の発表をする際に設置した発言ステージ台。背後に「命運自主」の四文字（「運命は自分で決める」の意味）が書かれていた。
（37）陳日君（Joseph Zen Ze-kiun, 1932–）ローマ・カトリック教会の司祭。２００２年から２００９年まで香港教区の司教を務める。２００６年にローマ教皇の最高顧問である枢機卿に任命される。
（38）金鐘（アドミラルティー）駅ビルと政府本部市庁舎の間にある歩道橋。
（39）九龍半島側の繁華街。
（40）林鄭月娥（Carrie Lam Cheng Yuet-ngor, 1957–）香港政府のナンバー2のポストである政務長官を、２０１２年から２０１７年まで務める。２０１７年に行政長官に就任し、現在にいたる。
（41）李柱銘（Martin Lee Chu-ming, 1938–）元弁護士、元政治家。１９９０年に香港民主党を結成し、民主化運動に尽力。民主派の人々からは「民主の父」と呼ばれている。
（42）旧約聖書・イザヤ書32・17。
（43）旧約聖書・詩編85・10（新共同訳聖書では85・11）。
（44）ルネ・パディーラ（René Padill,C., 1932–）南米エクアドルの神学者。１９７０年代に、福音伝道と社会活動の統合をはかる「統合的宣教（integral mission）」を提唱し、ローザンヌ会議にも影響を与える。引用文は、パディーラの論文“The Fruit of Justice Will Be Peace”（Transformation, Vol. 2, No. 1（1985）, p.2）より。
（45）ハワード・ジン（Howard Zinn, 1922–2010）アメリカの政治学者、ボストン大学で長く教鞭をとる。公民権運動や反戦運動の分野でも活躍。引用文の英語原文は、ジンの演説“The Problem Is Civil Obedience”（１９７０年11月）より。
（46）旧約聖書・ミカ書６・８。
（47）新約聖書・マタイによる福音書５・８。

バチカンにより破滅の道へ追いやられた中国カトリック教会[1]

陳　日君[2]

1年前の今頃

この日、この時、香港中が歌や踊りで賑わった23年前（１９９７年）の7月1日の夜を思い出している人もいることだろう。そうした人にとっては、今年もまた、これまでと同じような祝いの時かもしれない。

その一方で、去年の「７・１デモ」[3]を思い出しながら、「もはやデモを行うことは永遠にできないのだろうか」、「平和的・理性的・非暴力的[4]な抗議活動は、全面的に失敗したのだろうか」と考えている人もいることだろう。

陳日君（本人提供）

また、「基本法第23条立法化反対運動」、「セントラル占拠運動」、「『逃亡犯条例』改正反対運動」、「穏健路線と強硬路線のバランスのとれた運動」などは、結局ここで終わってしまったのだろうか、と自問している人もいることだろう。さらには、国家安全維持法という悪法が現実となってしまった今、一体どうすべきか、と考えている人もいることだろう。

私自身は、昨年（２０１９年）の7月3日にローマで経験した事柄を、一日中、忘れられないでいる。

「司牧指針」をめぐる攻防

昨年6月28日、バチカンのローマ教皇庁（以下、バチカン）は「中国における司祭の民事登録に関する教皇庁の司牧指針[5]」（以下、司牧指針）をイタリア語・英語・中国語で発表したが、そこには「教皇庁」と署名がなされていただけで、責任者の名前や責任部署の記載もなかった。私は、福音宣教省長官フェルナンド・フィローニ枢[6]機卿に「あなたが署名を拒否したのか」と尋ねると、彼は「誰も私に署名を求めてこなかった」と答えた。私はさらに教理省長官のルイス・フランシスコ・ラダリア・フェレール枢機卿[7]に「あなたはこの文書に目を通したか」と尋ねると、彼は「現在では、中国関係の案件はすべて、国務長官が一手に握っている」と答えた。

私にはこの「司牧指針」が悪しき文書であるとしか思えてならず、その翌日の6月29日、すぐさま飛行機でローマに向かった。6月30日午前、サン・マルタ館[8]に連絡し、「四日以内に、教皇の前で、同文書の起草者とピエトロ・パロリン[9]国務長官と私とで話し合う機会を与えてほしい」と教皇に申し出た。

7月1日になっても返事がないため、私は再度連絡を入れたが、その際には「司牧指針」に対する私の「質問状[10]」も付して送り、同文書が教会の正統的な信条にまったく合致しておらず、信者や教会を分裂させてしまう、という懸念を伝えた。

7月2日、人づてに「あなたとパロリン枢機卿との間で話し合いができれば、それで十分ではなかろうか」という教皇の返事が伝えられた。しかし、「私とパロリン枢機卿が話し合うことは、少しも有用ではありません。このままでは私は手ぶらで香港に戻らねばならなくなると、教皇にお伝えください」と答えた。

7月3日、教皇は私を夕食に招待してくださり、国務長官のパロリン枢機卿も同席した。ようやく機会が訪れた、と私は思った。夕食は簡素なものだったが、食事の間、私は香港の近況を教皇に報告した。パロリン枢機卿は、一言も言葉を発しなかった。夕食後、私は「教皇様、あの文書について少しお話をさせていただけないでしょうか」と尋ねた。すると、教皇は「私もその件に関心を寄せている。私もその件に対処することにしましょう」と答え、私を出口のところまで見送ってくださった。

「この件に関心を寄せている」と教皇がおっしゃられたことだけが、この長旅での唯一の収穫に思えたが、実際には必ずしもそうではなかった。確かにあの夕食の席で、教皇が私に好意的に接してくださっているのを感じることはできたが、同時に、教皇が当惑しておられるのも見て取れた。あの夕食の席は、パロリン枢機卿が意図して設けたものであることは、明らかだった。彼はあの場を利用して私に対して、「教皇はあなたに好意的に接してくださるとしても、あなたの話には耳を貸されない。教皇は、私の話しかお聞きにならない。教皇の前であなたと『司牧指針』について議論することを私が承諾しなかったので、教皇はあなたの話に耳を貸さなかったのだ。もう諦めて、帰りなさい。そして二度と来ないように」と言いたかったのだろう。

私は決して、手ぶらで帰ってきたわけではない。パロリン枢機卿が教皇をコントロールしているのを、この目で見てきたのだから。

その後、３か月経っても、教皇からの知らせは何もなかった。そこで、２０１９年9月末、私は自著『我が民への愛のゆえに沈黙せず』[11]の英語版を各枢機卿に送った際、「司牧指針」の一件に関心を寄せてほしいとの手紙も添えた。幾人かの枢機卿が私をねぎらう内容の返信をよこし、私のために祈ることを約束してくれた。しかし残念なことに、２０２０年初頭、主席枢機卿[12]に就任したばかりのジョヴァンニ・バッティスタ・レ[13]枢機卿が、他の枢機卿たちに対して、前年9月末の私の手紙に関する批判を書き送った。もちろん、彼はパロリン枢機卿に促されて、各枢機卿に手紙を書いたに違いないが。

教皇フランシスコに謁見してから1年になるが、依然として何の連絡もない。再度、手紙を差し上げようとも考えたが、私の手紙が教皇の手に届くかどうか不確かなため、最終的には教皇に伝えようと思っていた内容を私個人のブログに載せることにした。そうすれば、誰かがその内容を教皇に伝えてくれる可能性が、より大きくなるだろうと考えたからだ。

バチカンと中国カトリック教会

この2年間、バチカンは中国カトリック教会に対して三つのことを行った。

第一は、バチカンと中国共産党が司教任命に関して協議し、２０１８年9月、暫定合意に署名をしたことだ。しかも、その内容は非公開となっている。非常に不可解なことに、その暫定合意の内容は秘密のままとされ、現在にいたるまで、私もそれを目にすることができていない。厳密に考えれば、内容が分からない協議を、我々はそもそも支持することも反対することもできない。

唯一、分かっていることは、その協議が「司教任命に関すること」であり、教皇フランシスコがこの件に関して「最終的な言葉を述べた」と言われていることだけだ。暫定合意の内容の中国語版を見ていないので、教皇フランシスコが中国語版で何が意味されているかを本当にお分かりになっているのか否か、私は確信をもてない。また、教皇が全カトリック教会の最高指導者であること、また司教任命の件において教皇が最高決定権を有していることが、その中国語版において明確に表現されているか否かも、私は明言できない。

実は、この合意内容が実際にどの程度の効果があるのかは、必ずしも明白ではない。というのも、司教任命に関しては、これまでも成文化された合意文章がなくとも、バチカンと中国政府の双方が受け入れられる候補者を見つける、という双方での妥協的方法がとられてきたからだ。したがって、近年も、公認教会[14]の多くの司教はバチカンと中国政府の双方が承認してきた。教皇の「任命書」を任命式の中で読み上げることはできないが、少なくとも儀式の前に別室において、共同参列する司教や神父の前で読み上げることがなされてきた。この2年の内に任命された2名の司教に関しては、いずれも暫定合意が結ばれる以前にすでに双方で承認されていた。
暫定合意の期限が（２０２０年10月で）満期を迎えようとしているが、合意が延長されるのか否か定かではなく[15]、我々はこの件に関して、そもそも意見のしようがない。

第二は、より深刻な事柄だが、バチカンが、破門されていた中国天主教愛国会の違法任命司教7名[16]を正式に承認したことだ。文化大革命の前であれ後であれ、中国政府は多くの神父たちに対して、バチカンの承認を得ないままの違法な司教任命を受け入れるように強いてきた。もし拒絶すれば、当然のことながら監獄行きか労働改造所送りとなるため、それを受け入れるか否かは、生死を分ける選択だった。もちろん、受け入れた神父たちが、みな「悪人」だったというわけでは決してない。

改革開放政策が始まって以降、特にヨゼフ・トムコ[17]枢機卿が福音宣教省長官を務めていた期間、違法任命を受けた多くの司教たちがバチカンに対して自身の弱さを告白し、正式な承認を申し出る機会を得た。調査の後、バチカンは多くのこうした司教を正式に追認し、司教たち自身も、また信者たちも大いに励まされ、そして慰められてきた。

しかし残念なことに、トムコ枢機卿の引退後、バチカンは中国共産党に譲歩する「東方外交」を妄信してしまった。その結果、日和見主義者たちに出世や金儲けのために司教になる機会を与えてしまい、そうした輩が教会に浸透してゆき、決して司教になるべきでない人物が神聖なる権威をかすめ取るようになってしまった。中国天主教愛国会により違法に任命され、その上、バチカンから破門されていたこうした7名の偽司教たちは、中国政府の後押しを受けながら、長年にわたり教会の教理・教規を軽視し続け、中国天主教愛国会に属する教会を中国共産党に聞き従うように指導し、率先して教会を奴隷化させる行為を働いてきた。

２０１８年9月、バチカンは中国共産党と秘密協定のような暫定合意に署名しただけでなく、あいまいな仕方で7名の司教を正式承認してしまった。我々は当初、教皇が彼らの破門を取り消し、彼らが教会の懐に立ち帰るのを歓迎するだけのことと思い込んでいた。しかも、当然のことながら、仮に彼らが過去における数々の悪事を悔い改め、教皇に赦しを請い願うならば、という条件付きのことと考えていた。しかし、我々は、彼らのいかなる悔い改めや感謝の言葉も目にしていない。

それに引き続き、教皇がいくつかの教区の司教権限を彼らに与えたというのは、我々の全くの想定外だった。これは、羊の群れを狼に差し出すようなものではなかろうか。彼らは自分たちの行為を改めると表明することなど決してなく、依然として無神論政府に対して絶対的服従を何度も誓い、教皇の憐れみに対して謙遜や感謝の姿勢を示すこともない。むしろ彼らは、「見ろ、我々が中国政府の側に立つというのは、なんと賢いことか。バチカンに対して愚かにも忠誠を誓う汕頭《スワトウ》教区と閩東《ビントウ》教区の司教たちが、我々に司教職を譲ろうとまでしており[18]、これは我々の勝利だ」と、いたるところで声高に勝利宣言をしている。

秘密の暫定合意は、本来、中国の将来の司教が真に神の民の牧者であることを保障するものであるべきだったのではなかろうか。そもそも、これら7名は、司教として適任だったのだろうか。中国大陸の司教がこのようにして承認されてしまうというのは、果たして、みなで喜び祝うに値することなのだろうか。こうしたことを考え始めると、何がなんだか分からなくなってしまう。

我々はこれまで、年間第13主日のミサの集会祈願において、我々を光の子として召し出してくださる神に向かって、真理の光の中を歩む生活を我々に賜るようにと祈り願ってきた。しかし、我々は長きにわたり迷いの中に覆われ、我々は諸々の疑問に対する答えを見出すことができていない。

パロリン枢機卿は、これは「すべて旅の始まり」と語る。しかし、そうではない。これは「堕落の終着点」にほかならない！

第三は、最も残酷な事柄だが、それは前述した昨年6月末に起こった出来事、すなわち、パロリン枢機卿が「司牧指針」によって、中国教会を謀殺する「良き仕事」を完成させたことだ。彼はまず、「中国教会事務委員会」[19]を解散させ、私の声を揉み消した。さらには、韓大輝《かんだいき》大司教[20]をギリシアのアテネに流罪同様に移動させた。これはまさに、年間第13主日にミサの中で読まれる聖書の言葉、すなわち「アマツヤはアモスに言った。『先見者よ、行け。ユダの国へ逃れ、そこで糧を得よ。そこで預言するがよい。だが、ベテルでは二度と預言するな。ここは王の聖所、王国の神殿だから[21]』」と記されていること、そのもののようだ。

「中国教会事務委員会」を立ち上げた前ローマ教皇ベネディクト16世と陳日君（陳日君提供）。

パロリン枢機卿は、これら三つの出来事を一手に引き受け、中国のカトリック教会を謀殺する「三部曲」を完成させた。彼は非公認の地下教会の司祭・信者たちに対して、中国天主教愛国会に参加し、「独立自主」の教会となるように促しているが、それは彼らを教会の分裂者にさせているに等しく、同じ鳥かごの中で「シオンの歌」を歌わせるようなものだ[22]。

彼は、中国共産党政府に好き勝手な行為をさせたままにしている。地下教会の建物は没収され、公認教会に組み入れられている。地下教会の司祭たちは、もはや個人宅で信者のためのミサを行うことも許されない。地下教会であれ公認教会であれ、18歳以下の者は教会の建物に入ることも、いかなる宗教活動に参加することも禁じられている。当然のことながら、もはやバチカンが地下教会の司教を任命することもなく、地下教会は自然消滅していくしかないだろう。あるいは、せいぜい「墓穴」の中で隠れるようにして存続できるだけだろう。

「香港の自由」と「教会の自由」

人々がみな香港国家安全維持法に関心を払っているとき、私が自分たちの教会のことばかりに関心を払っているのは「自己中心」なことだろうか。

決してそうではない。人々の自由と宗教の自由は、不可分なものだ。中国大陸で宗教の自由がないのは、人々に自由がないからだ。宗教が自由を失ってしまえば、人々が自由を勝ち取ろうとするのを助けることもできなくなる。香港が自由を失えば、教会も自由を失うことを免れ得ないだろう。教会が自由を失えば、教会は人々と共に香港の自由を守れなくなる。

社会全体が是と非をめぐる大きな選択を迫られているとき、教会だけがそうした選択を免れることなどできようか。教会は一時の安逸のために、自らの「穴倉」に隠れることなどできようか。そのようなことは不可能なだけでなく、すべきでもない。今は一致が必要だというが、ではどこで一致するというのか。真理においてか、それとも強権においてか。

今こそ、「悪を憎み、善を愛せよ。また、町の門で正義を貫け。あるいは、万軍の神なる主が、ヨセフの残りの者を憐れんでくださることもあろう[23]」という預言者アモスの言葉に、耳を傾けようではないか。神は我々の献げ物や歌声を、必ずしも必要としておらず、むしろ我々が「正義を洪水のように、恵みの業を大河のように、尽きることなく流れさせ[24]」ることを願っておられる。

世界中から聞こえてくる怒りの叫び声の中に、なぜバチカンの声がないのか。まさか、本当に中国共産党の金を受け取ってしまったのではあるまい。ではなぜ、表に出てきてそうしたデマを打ち消さないのか。

最後に、やはりもう一度、預言者アモスの預言の言葉で、我々自身への励ましとしよう。

「その日には、わたしはダビデの倒れた仮庵を復興し、その破れを修復し、廃虚を復興して、昔の日のように建て直す（香港を取り戻せ！）[25]……その日が来れば、……わたしは、わが民イスラエルの繁栄を回復する。彼らは荒らされた町を建て直して住み、ぶどう畑を作って、ぶどう酒を飲み、園を造って、実りを食べる。……わたしが与えた地から、再び彼らが引き抜かれることは決してない（立法会の下で再び会おう！）[26]、とあなたの神なる主は言われる」[27]。アーメン

人権のために声を上げてくれたチャールズ・マウング・ボー枢機卿に、感謝する！[28]

注

（1）原題「一年前、今天」、２０２０年7月3日に陳日君枢機卿が自身の公式ブログに投稿した一文。編訳者が日本語訳の同意を得た際、同枢機卿より別題「梵帯岡帯中国天主教会走上了絶路」を提示していただいた。

（2）陳日君（Joseph Zen Ze-Kiun, 1932–）　上海市出身。少年期に香港に移民。イタリアのサレジオ大学で学び、１９６１年に司祭に任命。マカオ・サレジオ中学、サレジオ会中華省会長、香港仔工業学校院長を歴任。２００６年に枢機卿に任命。カトリック香港教区第6代司教（２００２—09年）。

（3）毎年、香港返還記念日である7月1日に、民主派陣営によって実施されてきたデモ行進。

（4）「逃亡犯条例」改正反対運動の中で、しばしば用いられたスローガン。略して「和理非」。

（5）一方では中国政府に対して、政府公認の中国天主教愛国会に登録することを拒んできた「地下教会」を圧迫し

ないように要請し、他方では地下教会の司教・司祭に対して、同愛国会に登録する際の指針を示した文書。
（6）フェルナンド・フィローニ（Fernando Filoni, 1946–）　イタリア出身の枢機卿。中東や中国の専門家。
（7）ルイス・フランシスコ・ラダリア・フェレール（Luis Francisco Ladaria Ferrer, 1944–）　スペイン出身の枢機卿。
（8）サン・マルタ館（Casa Santa Marta）　サン・ピエトロ大聖堂に隣接する、聖職者のための宿泊施設。
（9）ピエトロ・パロリン（Pietro Parolin, 1955–）　イタリア出身の枢機卿。バチカンと中国政府の関係構築の積極的推進派と言われている。
（10）「司牧指針」についての三つの質問　(1)バチカンのどの部門が関わったのか。誰が署名したのか。(2)「司牧指針」は、地下教会が中国天主教愛国会への加入するのを許容するのか。(3)「暫定合意」〔２０１８年9月、司教任命に関してバチカンと中国政府が署名したもの〕において、教皇がカトリック教会の最高権威であることを承認しているのであれば、バチカンは中国のカトリック教会の「独立自主」を「絶対的な独立自主」とは解釈していないということか。
（11）英語版は、Joseph Cardinal Zen, *For Love of My People I Will Not Remain Silent: On the Situation of the Church in China*, California: Ignatius Press, 2019。中国語版は、陳日君『為了熙雍、我決不緘默・教宗本篤致中国教会信函十周年紀念講座』香港・Chorabooks, ２０１９年。
（12）主席枢機卿・枢機卿団の議長職。
（13）ジョヴァンニ・バッティスタ・レ（Giovanni Battista Re, 1934–）　イタリア出身の枢機卿。
（14）カトリック教会の内、バチカンに忠誠を誓い、中国政府に登録しない非公認教会が「地下教会」と呼ばれるのに対し、政府公認教会は中国語で「地上教会」とも呼ばれる。カトリックの公認教会とは、通常、中国天主教愛国会に所属する教会を指す。この他、司教たちによる組織「中国天主教司教団」がある。
（15）その後、２０２０年10月22日、バチカンと中国政府の間での暫定合意が2年間延長されることが公表された。
（16）馬英林（中国天主教司教団団長）、劉新紅（安徽教区）、郭金才（中国天主教主教団副主席）、黄炳章（汕頭教区）、雷世銀（全国政治協商会議委員）、岳福生（中国天主教愛国会副主席）、詹思禄（中国天主教愛国会副主席）の7名。
（17）ヨゼフ・トムコ（Josef Tomko, 1924–）　チェコ・スロバキア出身の枢機卿。１９８５年から２００１年まで福音宣教省長官を務める。

（18）広東省汕頭教区と福建省閩東教区において、それぞれの地下教会に属する庄建堅司教と郭希錦司教が退職を迫られた件を指す。

（19）英語組織名は、Commission for the Church in China。前教皇ベネディクト16世が設置した、中国カトリック教会に関する事項に対応する委員会。委員には教皇庁、香港、マカオ、台湾などから30名が選ばれ、陳日君枢機卿も中心的に関わっていた。

（20）韓大輝（Savio Hon Tai-fai, 1950–）香港出身の司祭。教皇庁福音宣教省次官、シラ名義大司教区大司教を経て、２０１７年からギリシアのバチカン大使に就任。

（21）旧約聖書・アモス書７・12–13。

（22）バビロンの地で囚われの身となっていたイスラエルの民に対して、バビロンの人々が「歌って聞かせよ、シオンの歌を」と嘲り笑ったという、旧約聖書・詩編１３７編の描写を指している。ここでは、地下教会を中国天主教愛国会に加入させることは、地下教会をバビロン捕囚に追いやるに等しいと暗に指摘している。

（23）旧約聖書・アモス書５・15。

（24）旧約聖書・アモス書５・24。

（25）「逃亡犯条例」改正反対運動の中で用いられた標語「光復香港」。香港国家安全維持法が施行されて以降、この標語は「国家分裂」や「政権転覆」の意味があるとして、その使用は取り締まりの対象とされている。

（26）立法会の建物のデモ専用区域が鍋底の形に似ているところから、「鍋底（=立法会の下）で再び会おう」（煲底見）が、「逃亡犯条例」改正反対運動の合言葉の一つとなった。

（27）旧約聖書・アモス書９・11–15。

（28）２０２０年７月２日、ミャンマー・ヤンゴン教区長およびアジア・カトリック司教協議会連盟会長のチャールズ・マウン・ボー（Charles Maung Bo, 1948–）枢機卿が、香港国家安全維持法に対する強い懸念を表明し、「人権・人間の尊厳・基本的人権」などが守られることを公に訴えたことを指す。

第4章　中国大陸の信教の自由

中国大陸各地で起こっている十字架強制撤去（China Aid のホームページより）。

キリスト信仰のための声明[1]

王怡ほか、牧者署名

我々は中国のキリスト者の群れであり、いと高き神の選びを受け、神の小さな僕《しもべ》となった各地のキリスト教会の牧者である。

我々は、一人の真の活ける三位一体の神が、宇宙と世界と地上の民族のすべての創造主であり、人はその神を礼拝すべきであり、神以外のいかなる人やいかなる物をも礼拝すべきではない、と信じる。そして我々には、この世の人々にそのことを教え導く責任がある。

我々は、上は国家の指導者から下は物乞いや囚人に至るまで、人は皆、罪を犯しており、また人は皆、死すべき存在であり、死の後には神による正義の審判があり、もし神の恵みと救いの贖いがなければ、人は皆、永遠に深く沈んだままである、と信じる。そして我々には、この世の人々にそのことを教え導く責任がある。

我々は、十字架の上で釘打たれて死なれ、そして復活されたイエスこそが全世界の教会の唯一の頭《かしら》であり、全人類の唯一の救い主であり、全宇宙の永遠の統治者また至高の審判者であり、彼を信じ彼に向って悔い改める全ての人に対し、神が永遠の命と永遠の国をお与えになる、と信じる。そして我々には、この世の人々にそのことを教え導く責任がある。

２０１７年９月に国務院[2]が新しい「宗教事務管理条例」を公布し[3]、２０１８年２月から同条例を施行して以降、中国各地のキリスト教会は公的礼拝と信仰の実践において政府関係機関から大小さまざまな圧迫、蔑視、誤解を受けており、その上、キリスト教信仰を改造あるいは捻じ曲げることを意図したさまざまな行政措置を受けている。例えば、教会建築や十字架を破壊したり、[4] キリスト者の家庭に飾ってある十字架や聖句などの信仰表現にまで暴力的に干渉し、政府が統制している宗教組織[5]に加入するよう教会を圧迫あるいは威嚇し、教会で国旗を掲揚させたり世俗の国家や政党をたたえる歌を歌わせたり、キリスト者の家庭の未成年の子弟が教会で信仰教育を受けるのを禁止したり、教会と信徒の自由な集会の権利を剝奪して取り締まったり等、こうした粗暴な行為は、文化大革命終結以来、前例がないほどである。

署名呼びかけで使用されたキリストの十字架刑の絵（Crucifixion, tempera on wood by Jacopo Bellini）（「時代論壇」より）。

我々は、こうした公権力に訴えた不義の行いが、中国社会に深刻な政治と宗教の衝突を生み出すと考える。これらの行為は、人類がもつ「信仰・良心の自由」に違反し、普遍的な法治の原則にも相反する。

我々には、権力者と社会全体に対して、一つの「悪しき知らせ」を伝える責任がある。それは、人間の魂に対するあらゆる圧迫とキリスト教会に対するあらゆる迫害は、みな神が憎まれることであり、必ずや正義の神からの咎めと裁きを受ける、という知らせである。

それ以上に我々には、権力者と社会全体に対して、一つの「良き知らせ」を伝える責任がある。神の独り子、人類の救い主かつ王であるイエスが、我々罪人を救うために殺され、葬られ、そして神の大いなる力によって死から復活し、罪と死の力に勝利された、という知らせである。愛と憐みのゆえに、神は中国人を含むイエスを信じることを願う全ての人のために、赦しと救いの恵みを備えてくださった。いかなる時でも、いかなる人でも、いかなる罪からでも、人は主に向かって悔い改めることができ、キリストに立ち返り、神を畏れ敬うことができ、そのことにより人は永遠の命を得、家庭と国家は神の惜しみなき祝福を受けることができる。

信仰と良心のゆえに、また中国の権力者と社会全体の霊的な益のために、そして何よりも神の栄光・聖潔・正義のために、我々は中国政府と社会全体に対して、以下の声明を明らかにする。

1　中国のキリスト教会は、「聖書」が神の言葉・啓示であり、すべての正義・倫理・救済の源であり、最高の権威を有することを、無条件に信じる。いかなる政党の意志、政府の立法、人間の命令であっても、もし「聖書」の教えに直接的に違反し、人間の魂を損ない、教会が信じる福音に反するものであれば、我々には人に従うのではなく神に従う責任があり、また教会の全構成員を神に従うように導く責任がある。

2　中国のキリスト教会は、常にキリストの十字架の道を歩むことを願い、そのことを決心し、かつて信仰のゆえに苦しみを受けて殉教した中国教会の先達者である聖徒たちに喜んで倣う。いかなる状況下であっても、我々は政府や社会からの迫害、誤解、暴力を、平和と忍耐と憐みの心をもって受け入れることを願い、また我々にはそのようにする責任がある。というのも、教会が悪しき法に従うことを拒絶するのは、いかなる政治目的や憎悪や反抗のゆえではなく、単に福音の要求によるのであり、また中国社会に対する愛の発露のゆえである。

3　中国のキリスト教会は、神が中国にお立てになった権力者に従うことを願い、政府が社会と人間の行為を管理する権威を有していることを尊重する。我々は、政府の権威は神に由来するものであり、政府が「聖書」の定める世俗権力の範囲を越えない限り、すなわち、信仰と魂に関する一切のことに干渉せず、またそれらを犯さない限り、キリスト者には、権力者を敬い、また彼らの益のために熱心に祈り、そして中国社会のた

4

めに絶えず祈る責任がある、と信じる。そして我々牧者には、教会の信徒全体にそのことを教え導く責任がある。我々は、不公平な法の執行によりもたらされる一切の外的損失を、福音のゆえに喜んで忍耐し受け入れる。我々は、同胞に対する愛のゆえに、我々が本来持っている肉体上の一切の権利を放棄することを願う。このことのために、我々は、中国においてキリストに属する全ての真の教会は、「政教分離」の原則と、「キリストが教会の唯一の頭である」という立場を堅持しなければならない、と信じる。そして我々には、そのことについて信徒たちを教え導く責任がある。我々は次のことを宣言する。教会は、外的行為においては他の社会団体と同様に民政部門や他の政府部門の法に基づく管理を受けることを願うが、しかし、いかなる状況においてであっても、政府が統制する宗教組織に加入するよう教会を導くことはせず、宗教管理部門に登録するよう教会を導くこともせず、またいかなる形式の「表看板掛け[6]」をも受け入れない。我々は、信仰を理由とした教会に対する「取り締まり」や「罰金」を受け入れない。また我々は、福音のゆえに一切を取り去られること、自由を失うこと、命の代価を支払うことを喜んで引き受ける用意がある。

王《おう》怡《い》、四川省成都秋雨聖約教会・牧師
仰《ぎょう》華《か》、貴州省貴陽活石教会・牧師
金《きん》明《みょう》日《じつ》、北京市錫安教会・牧師
張《ちょう》曉《ぎょう》峰《ほう》、北京市守望教会・牧師
孫《そん》毅《き》、北京市守望教会・長老
游《ゆう》冠《かん》輝《き》、北京市守望教会・長老
黄《こう》小《しょう》寧《ねい》、広東省広州聖書帰正教会・牧師
竇《とう》紹《しょう》文《ぶん》、河南省鄭州磐石教会・牧師

張《ちょう》 春《しゅん》 雷《らい》、 貴州省貴陽仁愛帰正教会・長老
温洪斌《おんこうひん》、 四川省成都溪水旁帰正教会・長老
楊《よう》希《き》伯《はく》、 福建省廈門巡司頂教会・伝道師
蔣《しょう》 建平《けんぺい》、 広東省仏山橄欖樹教会・伝道師
薛紅根《せつこうこん》、 四川省成都郫都主恩帰正教会・長老
査常平《さじょうへい》、 四川省成都生命之泉教会・長老
施尚標《ししょうひょう》、 福建省漳州腓利之家教会・伝道師
李濤《りとう》、 雲南省昆明恩典教会・牧師
申先鋒《しんせんぽう》、 湖北省武漢中福晨星堂・牧師
唐伯虎《とうはくこ》、 上海市彩虹家帰正教会・長老
崔権《さいけん》、 上海市萬邦宣教教会・牧師
蘇耀栄《そようえい》、 福建省台州天福帰正教会・牧師
王騰《おうとう》、 福建省台州明道帰正教会・伝道師
王昌《おうしょう》 以《い》、 福建省台州天台福音教会・牧師
曁建羊《きけんよう》、 福建省台州仙居蒙恩教会・長老
郭春《かくしゅん》 雨《う》、 吉林省長春臨河之福帰正教会・牧師
李憐憫《りれんびん》、 深圳市沙井聖書帰正教会・牧師
荘《しょう》 志《し》勇《よう》、 深圳市華強北聖書帰正教会・牧師
陳景堂《ちんけいどう》、 深圳市桂芳園聖書帰正教会・牧師
黄磊《こうらい》、 湖北省武漢下上堂教会・牧師

張《ちょう》 勇《ゆう》、吉林省長春陽光之家帰正教会・牧師

注

（1）原題「牧者聯署・為基督信仰的声明」。王怡牧師を筆頭に29人の連名で２０１８年8月31日に発表された声明文。同年11月17日までに４５８人の家庭教会指導者による賛同署名が集まった。

（2）中華人民共和国の最高の国家行政機関。

（3）改定前の最初の条例は、２００４年公布、２００５年施行。

（4）十字架強制撤去事件は、政府公認教会に対して、２０１４－15年に浙江省で大規模に実施されたが、２０１８年頃からは河南省や安徽省など、中国各地でも実施されるようになった。

（5）中国基督教三自愛国運動委員会と中国基督教協会に属するいわゆるプロテスタントの政府公認教会（通称、三自愛国教会）、また中国天主教愛国会と中国天主教主教団に属するカトリックの政府公認教会。

（6）形式的にだけでも公認教会の三自愛国教会に登録し、その表看板を掛けること。

私の声明――信仰的不服従(1)

王　怡(2)

聖書の教えと福音の使命に基づき、私は神が中国にお立てになった権力者を尊重する。なぜならば、王を廃するのも王を立てるのも、みな神がなさることだからである。それゆえに、私は中国の歴史と制度に対する神の御計画に従う。

キリスト教会の一牧師として、私は聖書に基づきながら、社会・政治・法律などの諸領域に関して、何が正義ある秩序であり、何が善なる統治であるかという、自分自身の理解と見解をもっている。同時に私は、中国共産党政権が教会を迫害し、人々の信仰の自由・良心の自由を奪っている罪悪に対して、大きな嫌悪と怒りを覚えている。しかし、社会制度や政治制度を変革しようとする一切のことは、私が召された使命ではなく、また福音を与えられた神の民が目的とするところでもない。

なぜならば、あらゆる現実の悪、政治的不正義、恣意的な法律は、イエス・キリストの十字架こそがすべての中国人が必要としている唯一の救いであることを、明らかにしているからである。またこれらのことは、真の希望や完全な人間社会といったものが、地上のいかなる制度や文化の変革の中にも存在せず、ただ人間の罪がキリストによって赦され、永遠の希望を得るというところにしか存在しないことを、明らかにしている。

福音に対する牧師としての私の確かな信仰、人々に対する指導、またすべての罪悪に対する非難はいずれも、福音におけるキリストのご命令に基づくものであり、栄光に満ちた王である方のはかり知れない愛に基づくものである。すべての人間の命はこのように短きものであり、それゆえ神は教会に対して、悔い改めたいと願うすべての人を悔い改めへと導き、召し出すようにと、強く命じておられる。キリストは罪から立ち返る全ての人を、速やかに、そして喜んで赦そうと願っておられる。これこそが、教会が中国においてなすべき全ての働きの目的である。すなわち、世界に対してキリストを証し、中国に対して天の御国を証し、地上の短き人生に対して天上の永遠の人生を証しすることである。このことは、私自身に与えられた牧師としての召命でもある。

（秋雨之福聖約教会の Facebook より）

以上の理由により、中国共産党政権が神がお許しになられた一時的な統治者であることを、私は受け入れ、尊重する。主の僕《しもべ》であるジャン・カルヴァンが「悪しき統治者は悪しき人民に対する神の裁きである」と述べているように、その裁きの目的は、神の民が神に向かって悔い改めるよう促されるためである。それゆえに、主の教えと鍛錬に従うのと同様に、私は体において彼らの法の執行に喜んで従う。

私はまた、教会に対する中国共産党政権の迫害が極めて悪しき犯罪行為である、と考えている。キリストの教会の牧師として、私はこのような罪悪に対して厳しい非難を公にしなければならない。私に与えられている召命が、非暴力によって、そして平和と忍耐の内に、聖書と神に反するあらゆる人間の法律にあえて背くことを、私に求めている。私の救い主キリストも、悪法に背くことで被るあらゆる代価を喜んで受け入れるようにと、私に求めておられる。

しかしだからといって、私個人と教会の不服従という行為は、いかなる意味においても、決して権利擁護運動や市民的不服従の政治運動ではない。なぜならば、私には、中国のいかなる制度や法律を変革しようという意図など全くないからである。牧師として私が唯一関心を向けていることは、信仰的不服従であり、それによって、罪悪に満ちた人間の本性が揺り動かされ、キリストの十字架が証しされることである。

牧師としての私の不服従の行為は、福音の使命の一部である。大いに宣教するようにとのキリストによる大宣教命令[3]は、この世に対して大いに不服従することを私たちに求めている。不服従の目的は、この世界を変革することではなく、もう一つの世界を証しすることである。

なぜならば、教会の使命はただ教会となることであり、いかなる世俗の体制の一部となることではないからである。消極的に言うならば、教会は自らをこの世から区別し、自らが世俗の体制の一部となることを避けねばならない。積極的に言うならば、教会のあらゆる行動は、この世に対して、もう一つの世界が真に存在することを懸命に証明することでなければならない。福音と人間の良心に関する事柄においては、神にのみ従うべきであり、人に従うべきではないことを、聖書は私たちに教えている[4]。したがって、信仰的不服従と肉体的忍耐は、もう一つの世界ともう一人の栄光の王を証しする方法なのである。

これが、私が中国のいかなる政治制度や法律制度の変革にも興味がなく、さらには中国共産党政権の教会迫害政策がいつ変わるのかということにも興味がない理由である。自分が現在の政権下で生きるにせよ将来のいかなる政権下で生きるにせよ、もし世俗の政府が教会を迫害し続け、神にのみ属する人間の良心を傷つけるならば、私は信仰的不服従を続けるだろう。なぜならば、神が私に与えられた使命のすべては、ただ私のあらゆる行動を通して、より多くの中国人に、人類と社会の希望はただキリストの救いと神の超自然的恵みの支配にのみあることを知らせることだからである。

もし神が、中国共産党政権の教会に対する迫害を通して、より多くの中国人を前途に対して絶望させ、信仰的な幻滅と荒野を経験させるように導き、そしてそこからイエスを知るようにさせ、さらには神ご自身の教会を絶えず鍛錬し建て上げることを決心なさるのならば、私は喜んで神の御計画に従う。なぜならば、神の御計画は常に慈しみ深く、良いものだからである。

まさに私のあらゆる言動が、決して社会や政治の変革を求めたり期待したりしているわけではないからこそ、私はどのような社会的・政治的権威に対しても恐れる心がない。神が立てられた政府の権威は、悪を行う者を恐れさせるものであって、善を行う者を恐れさせるものではないからである[5]。イエスを信じる者は悪を行わないだけでなく、暗闇の権威をも恐れるべきではない。私は常に弱き者だが、これこそが福音の約束であり、私が全身全霊で中国社会において伝えねばならない良き知らせであると、心から信じている。

これこそまさしく、中国共産党政権が同政権を恐れない一つの教会に対して大きな恐れを抱いている理由であることも、私は知っている。

もし私が長期間であれ短期間であれ拘束されることが、権力者が私の信仰と私の救い主に対して抱いている恐れを軽減させる助けとなるのであれば、私は喜んでこの方法によって彼らの助けとなることを願う。しかし、私は知っている。教会を迫害する罪と悪に対して否と言い、また平和的な方法によって不服従をする時にのみ、私は真に権力者と法の執行者の魂を助けることができるということを。神が私を用いてくださり、身体の自由が奪われるという方法によって、私の身体の自由を奪ったそれらの人々に、彼らの権威よりもさらに高い権威の存在と、彼らによって拘束されることのない自由とが、死んで復活なされたイエス・キリストの教会に満ちていることを伝えられるようにと願う。

この政権が私に対してどのような罪名をつけようとも、またどのような中傷を浴びせようとも、もしその罪名が私の信仰・著作・言論・伝道の行為に対して向けられるものであるならば、それは単にサタンによる虚偽か試みにしか過ぎない。私はそれらをすべて否認し、刑には服しても法には服せず、処刑されたとしても罪を認めることはしない。

また、次のことも指摘しておかねばならない。主の教会と、イエス・キリストを信じる中国人とに対する迫害こそが、中国社会の最も邪悪で、最も恐ろしい罪悪である。これはキリスト者に対する犯罪であるというだけでなく、すべての非キリスト者に対する犯罪でもある。なぜならば、政府は暴力的に、かつ残酷に彼らを脅迫し、彼らが主イエスの御前に行くのを阻んでいるのであり、この世でこれより大きな罪はなく、悪の極みである。

もしいつの日か、この政権が神ご自身によって転覆させられるとするならば、その原因はこれら一切の罪悪に対する正義の裁きと報いにほかならない。というのも、かつてこの地上には千年にわたる教会はあっても、千年にわたる政権はないからである。ただ永遠の信仰があるのみであり、永遠の権勢はない。

私を拘束する者は、終わりの日に天の使いによって拘束されるだろう。私を裁く者は、終わりの日にキリストによって裁かれるだろう。このことを考える時、主は私に、私を拘束することを計画し実行している者に対する大きな同情と悲しみを抱かずにはおれなくさせられる。主が私を用いてくださり、私に忍耐と知恵を与え、彼らに福音をよく伝えることができるようにと願う。

この世の権力者は、私を妻子から引き離すこと、私の地位や名誉も奪うこと、私の家庭を破滅させること、これら全てをすることができる。しかし、私に信仰を捨てさせること、私に人生を変えさせること、私を死の中から復活させること、これらのことを地上の誰もすることはできない。

だから、尊敬する官吏の諸君、悪を行うことを止めなさい。それは決して私の益のために言っているのではなく、あなた方とあなた方の子孫の益のためである。私はあなた方に、迫害の手を止めるようにと切に勧める。どうしてあなた方は、私のような小さな罪人のために、永遠に沈みゆく地獄の代価を払うことを願い出る必要などあろうか。

イエスはキリストであり、永遠に生ける神の御子である。彼は罪人のために死に、私たちのために復活された。昨日も、今日も、そして永遠にいたるまで、イエス・キリストは私の王であり、全世界の主である。私は主の僕であり、そのことのゆえに囚われている。私は神に逆らう者に対して、柔和に逆らうだろう。私は神に従わないどのような法律にも、喜んで不服従を貫くだろう。

（２０１８年9月21日初稿、10月4日修正）

（拘束されて48時間後に教会より公開発表すること）

附　信仰的不服従とは何か

聖書はいかなる政府部門に対しても、教会を管理したりキリスト者の信仰に干渉したりする権威を与えていない、と私は堅く信じる。したがって、聖書は私に、平和的な方法で、柔和な反抗と積極的な忍耐の内に、喜びに満たされて、教会を迫害したりキリスト者の信仰に干渉したりする一切の行政的・司法的措置に抵抗することを要求している。

これは一種の信仰的不服従の行動である、と私は堅く信じる。教会を迫害し福音を拒む現代の全体主義国家において、信仰的不服従は福音伝道の不可避的な一部である。

信仰的不服従は一種の終末論的行動であり、一時的にしか存在しない罪悪に満ちた地上の国において、永遠の神の国を証しすることである、と私は堅く信じる。不服従をするキリスト者は、十字架の道と方法によって、かつて十字架にかかられたキリストに倣う。平和的な不服従は、私たちがこの世を愛する方法であり、また私たちがこの世界の一部になってしまうことを避ける方法でもある。

この信仰的不服従を実践する時には、キリストの恵みと復活の力に依り頼まねばならず、また踏み越えてはならない以下の二つの限界線に遵守しながら行うことを聖書が私に求めている、と私は堅く信じる。

第一は、内なる心の限界線である。肉体に対する愛ではなく、魂に対する愛こそが信仰的不服従の動機であ

王怡牧師夫妻（秋雨之福聖約教会の Facebook より）

る。環境の変革ではなく、魂の変革こそが信仰的不服従の目的である。いかなる時であれ、もし外的な圧迫や暴力が、私の平和と忍耐を奪い去り、教会を圧迫しキリスト者を辱める人々に対する怒りや苦悩を私の内なる心に抱かせるようになったならば、それは信仰的不服従が失敗してしまったことを意味する。

第二は、行為の限界線である。福音は信仰的不服従が非暴力でなければならないことを要求している。福音の奥義は、身体的に抵抗することに替えて、進んで苦しみを受け、不義なる刑罰を甘んじて受け入れることにある。平和的な不服従は、愛と赦しの結果である。十字架は、苦しみを受ける必要のないところで進んで苦しみを受けることを意味している。なぜならば、キリストは抵抗できる無限の力をお持ちでありながら、すべての屈辱と痛みを耐え忍んで受けられたからである。キリストに抵抗するこの世に対してキリストご自身が抵抗された方法は、十字架において、彼を殺そうとしているこの世に向かって、平和のオリーブの枝を差し伸べることだった。

キリストが、福音を拒み教会を迫害する政権の下で私を召し出されたのは、私が生涯をかけて奉仕する中で信仰的不服従を実践するためである、と私は堅く信じる。これは私が福音を伝える方法であり、私が伝える福音の奥義でもある。

主の僕・王　怡

注

（1）原題「我的声明——信仰上的抗命」。逮捕されることを覚悟していた王怡牧師が、自身の逮捕後48時間後に公表するようにと、２０１８年９月にあらかじめ執筆していた声明文。

（2）王怡（Wang Yi, 1973–）四川省出身。成都大学法学院卒業。元四川大学講師。憲法学者・作家。２００５年に洗礼を受けてキリスト者となり、後に秋雨之福帰正教会（秋雨之福聖約教会に改称）を創立し同教会牧師を務める。２０１８年12月９日に逮捕され、２０１９年12月30日に「国家政権転覆扇動罪」で懲役９年・政治権利剥奪３年・財産没収５万人民元の有罪判決。現在も収監中。

（3）新約聖書・マタイによる福音書28・18–20「わたしは天と地の一切の権能を授かっている。だから、あなたがたは行って、すべての民をわたしの弟子にしなさい。彼らに父と子と聖霊の名によって洗礼を授け、あなたがたに命じておいたことをすべて守るように教えなさい。わたしは世の終わりまで、いつもあなたがたと共にいる」を指す。

（4）新約聖書・使徒言行録５・29「ペトロとほかの使徒たちは答えた。『人間に従うよりも、神に従わなくてはなりません』」。

（5）新約聖書・ローマの信徒へ手紙13・３–４「実際、支配者は、善を行う者にはそうではないが、悪を行う者には恐ろしい存在です。あなたは権威者を恐れないことを願っている。それなら、善を行いなさい。そうすれば、権威者からほめられるでしょう。権威者は、あなたに善を行わせるために、神に仕える者なのです。しかし、もし悪を行えば、恐れなければなりません」。

暗闇の時代に命がけで道を証しする伝道者・王怡牧師[1]

邢　福増

２０１９年12月30日、成都の秋雨之福聖約教会[2]の王怡《おうい》牧師に対して、懲役９年の実刑判決が下された。王怡牧師は２０１８年12月９日の「秋雨一斉取り締まり」の中で逮捕され、翌年２０１９年12月26日に密室裁判が行われた。逮捕から裁判、そして判決まで一年余りの時間がかかっているが、結局のところ有罪判決は早々に確定していたに等しい。

王怡牧師の罪名は「国家政権転覆扇動罪」と「違法経営罪」だが、これは非宗教的な方法で宗教問題を処理するという、権力者側のかねてからの巧みな手段だ。見ての通り、全て宗教信仰とは無関係な経済的犯罪行為であり、また政治的犯罪行為とされている。だからこそ、この中国共産党政権は依然として、「国家は法に則り市民の宗教信仰の自由を保障する」などと、厚顔無恥にも公言することができるのだ。

権力者側による宗教団体の合法的地位の剥奪

宗教団体の合法的地位が権力者側に独占的にコントロールされるようになってしまったときには、党と国家に従うことを拒絶し、「愛国教会」体制[3]の宗教団体に加入することを承諾せずに拒絶するいかなる宗教団体も、その合法的地位を初めから奪われてしまうということを、忘れてはならない。権力者側は、「法の外」に置かれたこうした宗教団体の存在を、実際の状況を見ながら容認したり、あるいは再編したりする。しかし、もし宗教団体がある禁止領域や「レッドライン」（限界線）に触れるほどまでに発展した場合には、すぐさま、さまざまな形での迫害を受け、再び別の罪名で処理されてしまう。重要なのは、今日は許容されていたものが、明日は禁止されるかもしれないというように、誰もレッドラインの基準を知らないということだ。寛容に取り扱われる対象であれば、それは取り締まりの重点的対象にもなり得るということでもある。こちらでは攻撃を受けるが、別のところでは全く安全ということも起こり得る。このようにして、政権側とその代理人たちは依然として、「国家の宗教信仰自由政策は、全く変わっていない」、「これは個別の案件にしか過ぎない」などと、自信満々に言うことができるのだ。そして、運よく批判や迫害を免れた教会の牧者は、「ハレルヤ、主に感謝しよう。我々は祝福で満たされている」などと、感謝の声を上げる。

レッドラインは絶えず変化しているかのようであり、実のところ、まったく把握しようがない。ある権威主義社会あるいは全体主義に向かっている社会では、公の権力を握っている者こそが答えなのだ。党こそが法であるため、党は公然と法に違反することができ、恣意的に法を解釈することもできる。いわゆる「国家安全」とは、権力者の権力が脅かされることがあってはならず、人々が必ずや「党の話しを聞き、党と共に歩む」のでなければならないことを意味する。

王怡牧師と秋雨之福聖約教会は、容易ではない道を選択していた。彼らは教会の壁の外に出て公共領域に入って行き、弱者や政

「王怡牧師と共に歩む公開祈禱会」で語る邢福増教授（「時代論壇」より、撮影：Kenneth Tsang）。

治迫害を受けている者とその家族に関心を寄せていた。彼らは権力に盲従することを拒み、キリストの名を高く掲げようとしていた。秋雨之福聖約教会は、綿密な教会組織体制を整え、改革派神学[4]に基づいて教会と信徒の使命・責任を理解していた。これらのことは、同教会と権力者がいずれ必ず衝突するであろうことを予測させ、あとはいつ・どのような形で衝突とするかの問題だけだった。

そしてついに、秋雨之福聖約教会は２０１８年12月９日の一斉取り締まりの後、12月14日に当局より「違法社会組織」として閉鎖に追い込まれた。そして翌年の２０１９年12月30日、王怡牧師に懲役９年の実刑判決が下された。こうして権力者側は「王怡路線と秋雨教会モデルは決して容認されることがない」ことを、明確に宣言したのだった。

「国家政権転覆扇動罪」の判決を受けた初めての牧師

今日の中国において、「国家政権転覆扇動罪」は最も重い政治的罪名である。中国の刑法では１９９７年に「反革命罪」が廃止されたが、権力者側は依然として「国家安全危害罪」や「国家政権転覆扇動罪」の名目で、政治的見解の異なる人々を弾圧してきた。王怡牧師は「国家政権転覆扇動罪」で有罪となった初めの牧師である。王怡牧師は、信仰のゆえに不服従を貫き、愛国教会への加入を拒絶するという点において、１９５５年に「反革命罪」で逮捕された「北京基督徒会堂」の創始者・王明道《おうめいどう》[5]と、同じような道を歩んでいたと言えよう。王明道と異なる点は、王怡牧師はキリスト者になる前、リベラリズムの影響を大きく受けていた法学者であり、かつて「南方週末」[6]で「最も影響力のある50名の公共知識人」の一人として挙げられ、評価されていたことだ。したがって、王明道とは異なり、王怡牧師の信仰理解はその始めから公共性の次元を帯びており、彼は改革派神学に基づいて信仰を実践することに努めていた。ファンダメンタリスト（原理主義者）だった王明道は、服従を拒絶することで「反革命」と見なされるとは思ってもいなかった。しかし王怡牧師は、信仰的不服従がどのような結果を彼にもたらすかを知っていた。

「秋雨一斉取り締まり」の12月9日は、「世界人権デー」の前日だった。また王怡牧師の裁判が行われた12月26日は、クリスマスの翌日だった。そして王怡牧師に判決が下された12月30日は大みそかの前日だった。これらの日付は、果たして単なる偶然なのだろうか。

我々を召し出される永遠なる神

マタイによる福音書には、イエス・キリストが十字架にかけられた際、群衆から凌辱や嘲りを受けたことが記されている。

> そこを通りかかった人々は、頭を振りながらイエスをののしって、言った。「神殿を打ち倒し、三日で建てる者、神の子なら、自分を救ってみろ。そして十字架から降りて来い」。同じように、祭司長たちも律法学者たちや長老たちと一緒に、イエスを侮辱して言った。「他人は救ったのに、自分は救えない。イスラエルの王だ。今すぐ十字架から降りるがいい。そうすれば、信じてやろう。神に頼っているが、神の御心ならば、今すぐ救ってもらえ。『わたしは神の子だ』と言っていたのだから」。一緒に十字架につけられた強盗たちも、同じようにイエスをののしった[7]。

今日、権力者はこれと同じようにおごり高ぶって、「中国には普遍的価値に基づく人権など必要ない。中国の基準こそが人権に符合しているのだ」と語っている。

今日、権力者はこれと同じように嘲りながら、「王怡は『わたしは神の僕だ』と言っていたのだから、神の御心ならば、今すぐ救ってもらえ」と語っている。

今日、権力者は、大規模取り締まりで問題が終結し、王怡牧師を懲役9年の実刑判決に処したことで問題が終結し、恐怖と弾圧という手段で問題を解決できる、と思い込んでいる。

しかし、本当にそうだろうか。

2011年、成都の人権活動家・冉雲飛《ぜんうんひ》(8)が逮捕・拘束された際、王怡牧師は妻の蔣蓉《しょうよう》と、こんな会話のやり取りをしたという。

> 妻は私に、「あなたは冉雲飛よりもっと早く逮捕されるかと思っていた」と言った。水曜日から三日間、断食をして、妻とさまざまな可能性について議論した。祈りの中で、私は自分が神に召し出されていることを、確信した。自分の願い通りであるか否かにかかわらず、たとえどこへ行こうとも、すべては福音を伝えるためだ。どのようになろうとも、私の妻は「牧師の妻」であり続ける。人間の力は、私たちが神に仕える時間・場所・方法を変えることができるかもしれないが、私たちが神に仕えるという基本的使命を変えることはできない。
>
> 蔣蓉が私に、「もしあなたが逮捕された後、私はどうすべきか」と尋ねた。私はこう答えた。「監獄に行くのは、アフリカに行くのと同じだ。私はいずれにせよ伝道者であり、あなたは伝道者の妻だ。私たちの昨日の命は福音のためにあったのであり、明日の命もまた同様である。なぜなら、私たちを召し出してくださったお方は、昨日も明日も私たちの神でいてくださるお方だからだ」。

今まさにこの時、権力者は教会を取り締まり、牧者を拘禁しているが、人が真理を追い求めるのを抑えることはできない。

王怡牧師は命をかけて、権力者に対して力強く答えた。「私は伝道者であり、私はそのために召し出されている。私たちを召し出してくださったお方は、今もおられ、昔もおられ、これからも永遠におられる神である」と。

王怡牧師の命が、すでに明確に証明している。これは終わりではなく、むしろ始まりである、と。

中国教会の牧者と信徒たちも、また香港のキリスト者たちも、行動によって語らねばならない。これは終わりではなく、むしろ始まりである、と。

暗闇の時代の秋雨の祝福

最後に、一つの詩を紹介して、結びとしたい。これは、王怡牧師に判決が下されたその晩、「彼の罪名は……」と題して私が書いたものだ。

彼の罪名は「違法」……
あえて問おう、この「法」は公理に合致しているのか、と。
市民は憲法が賦与している権利を享受する保障を得られず、
　権利を行使すれば、かえって罪に問われる！
「法」は政治の道具に成り下がり、
　己と異なる者を排斥し、
　己と考えを異にする者を弾圧する手段となってしまった。
なぜなら党こそが法であり、党以外はすべて「違法」だからだ！

彼の罪名は「転覆」……
あえて問おう、彼は何をしたことで「国家政権転覆」を図ったのか、と。
国家の政治権力は「国家の安全」を守るという名目で、
　全体主義統治を実際に行っている！
至る所に張り巡らされたレッドラインが、
　「党による天下」の網を織りなしている……。
彼は、政権転覆などしておらず、
　ただ「奴隷根性」を転覆させただけであり、
　党に服従しなかったことで「転覆」の罪が成立してしまった！

彼の罪名は「主なる神を愛すること」……
神の僕《しもべ》は、この土地を愛し、福音をすべての民に伝えようとした。
キリストに従い、党の話を聞くことを拒絶し、党と共に歩むことを拒絶した。
「核心的価値観」[9]ではなく、聖書に忠実であろうとし。
真理に固執し、悪に流されなかった。
強権を恐れず、信仰のゆえに、十字架を背負った。
まさにこの時、党国の囚人となり、
　「大きな監獄」から小さな囚人部屋に移された。

いかなる形の拘禁も、神への忠誠心を閉ざすことはできない。
体は殺しても、魂を殺すことのできない者どもを恐れるな！[10]

この世が彼に相応しくなかったのだ……[11]
命をかけて道を証する、昔も今も、これからも同じように……
神の国が到来する日を待ち望む……
暗闇の時代、神は慈しみを示し、その聖なる契約を覚えていてくださる。[12]
嘆きの谷は泉に代わり、秋雨の祝福がある。[13]

主よ、王怡牧師を覚えていてください。秋雨之福聖約教会を覚えていてください。中国において迫害を受け、恐れの中で生きている牧者と信徒たちを覚えていてください。アーメン

注

（1）原題「看、在黒暗世代以生命証道的伝道者　与王怡牧師並肩同行」。２０２０年1月1日、「逃亡犯条例」改正反対運動デモの最中に、香港合同メソジスト教会・香港堂の前の広場で開催された「王怡牧師と共に歩む公開祈禱会」でなされた説教。

（2）王怡牧師が創立した教会。当初は、秋雨之福帰正教会（Early Rain Reformed Church）という名称だったが、後に秋雨之福聖約教会（Early Rain Covenant Church）に改称。「秋雨之福」は、旧約聖書詩編84・6の聖句から。

（3）プロテスタント・キリスト教の愛国宗教団体である「中国基督教三自愛国運動委員会」と「中国基督教協会」を指す。

（4）特に宗教改革者として知られるジャン・カルヴァンの伝統を継承する神学。秋雨之福聖約教会は、特に17世紀

のイギリスで作られ、その後世界中の改革派・長老派教会に影響を与えた「ウェストミンスター信仰規準」を教会の信仰規準として採用していた。

(5) 王明道（Wang Mingdao, 1900–1991） 北京の独立教会の伝道者。１９４９年以降、中国基督教三自愛国運動委員会に加わることを拒絶し、「反革命罪」として約20年間投獄生活を送り、１９８０年代に釈放。華人教会において、もっとも影響を与えた人物の一人。

(6)「南方週末」（Southern Weekly） 広東省に本社を置く有力週刊誌、比較的リベラルな論調で知られている。

(7) 新約聖書・マタイによる福音書27・39－44。

(8) 冉雲飛（Ran Yunfei, 1965–） 中国の作家、民主活動家。２０１１年2月に「国家政権転覆扇動罪」の容疑で逮捕・拘束されたが、証拠不十分で不起訴処分となり、同年8月に釈放。プロテスタントのキリスト者。

(9) ２０１２年の中国共産党第18回全国代表大会で定義付けられた「社会主義の核心的価値観（富強、民主、文明、和諧、自由、平等、公正、法治、愛国、敬業、誠信、友善）」を指す。

(10) 新約聖書・マタイによる福音書10・28。

(11) 新約聖書・ヘブライ人への手紙11・38。

(12) 新約聖書・ルカによる福音書1・72。

(13) 旧約聖書・詩編84・6。

編訳者あとがき

松谷曄介

香港との出会い

1997年7月1日、香港が中国に返還された日、当時高校生だった筆者は、世界史の授業で教師に「大きなニュースになっている香港返還を、どのようにお考えですか」と質問を投げかけた。教師がどう答えたのかを記憶していないが、それが筆者が「香港」を初めて強く意識した時だった。

大学時代、香港からの留学生と知り合ったのが、香港人との初めての出会いだった。その後、北京に1年間留学していた2000年の冬休み、バックパッカーで中国各地を1か月間旅行して廻った際、広州から数時間バスに乗って越境し、初めて香港に足を踏み入れた。映画にも出てくるかの有名な重慶大厦《チョンキンマンション》の安宿に泊まり、中国大陸では見られない路上でのクリスマスのキャロリングを聞いたり、英語や広東語など複数の言語が飛び交う路地で香港料理やスイーツを堪能したりしたのを、昨日のことのように思い出す。

筆者は大学時代の中国留学が大きなきっかけとなり、その後は牧師の働きをしながらも、一貫して中国大陸のキリスト教研究をしてきたが、さらに本格的に研究をしたいと願い、2013年から16年まで香港中文大学・崇基学院神学院でポスドク在外研究を行った。香港を選んだのは、香港には邢福増《けいふくぞう》教授をはじめ、中国キリスト教研究の専門家が複数おり、さらには中国大陸のみならず北米・東南アジアから多くの華人の牧師・神学生・研究者が、学会や留学のために、頻繁に出入りしているからだった。筆者は香港を拠点に、邢福増教授の中国キリスト教や香港キリスト教に関する授業を聴講したり、関連学会に出席したり、またフィールド・リサーチで中国大陸各地の公認・非公認教会を訪問したりして3年間の時を過ごした。

　当初、香港に関しては「一国二制度」という言葉以外は何も知らないに等しく、香港独自の政治・文化・歴史も、現地の人が話す広東語も分からず、また「香港のキリスト教」にも特に関心を払っていなかった。しかし、数か月もすると、香港が中国大陸とは大きく異なる「自由都市」であり、キリスト教の面でも独自の発展をしていることを強く印象付けられた。筆者は研究の傍ら、語学学校で半年ほど広東語を学び、少しずつ香港人の友人たちと親しくなり、香港そのものと香港のキリスト教への関心を増していった。

民主化運動の中のキリスト教

そうした中、２０１４年に「雨傘運動」が起こった。とにかく何が起きているのかをこの目で見たいと思い、現場に何度も足を運んだ。道路占拠が始まった２０１４年9月28日、警察がデモ隊に向かって何十発もの催涙弾を発射したが、筆者も遠巻きながら煙を浴び、肌がヒリヒリしたのを覚えている。政治学の書籍や講義で「国家とは強制力を持つ暴力装置である」という定義は知っていたが、「国家権力」が持つ文字通りの暴力性を肌で体感した瞬間だった。

　こうした国家権力の暴力に対し、学生など若者を中心とする多くの香港市民は、非暴力に徹した平和的な抗議活動を繰り広げた。道路占拠現場では、歌やアートを活用した創意性あふれる抗議意思の表明が数多く見られ、また対話・討論集会の時と場が設けられるなど、民主主義を醸成していく文化に大きな感銘を受けた。

　さらに筆者が特に興味を惹かれたのは、道路占拠現場での「キリスト教」の存在だ。雨傘運動の中心的リーダーの中には戴耀廷《たいようてい》氏や朱耀明《しゅようめい》牧師といったキリスト者がいたことは本書でも触れている通りだが、それだけではなく、普通の信者たちが道路占拠の一角で静かに祈りをささげたり、讃美歌を歌ったり、また牧師たちがカウンセリング用のコーナーを設けたり、さらにはテント小屋の「屋外教会」までもが出現したりしていた。もちろん、雨傘運動全体から見ればキリスト教信者の参与はそれほど大きな勢力とは言えないが、日本の社会運動における宗教の存在感と比べると、香港の民主化運動におけるキリスト教の存在感は、はるかに大きいように感じられた。２０１９年の「逃亡犯条例」改正反対運動においても、特に運動初期の頃、キリスト教の讃美歌「主を賛美しよう（Sing Hallelujah to the Lord）」が信者・非信者を問わず広く歌われるという現象が見られたほどだった。

もちろん、香港の民主派の人々が皆キリスト教的な背景をもっているわけではなく、また香港のすべてのキリスト教信者が民主派というわけでもない。そもそも古今東西、「キリスト教＝民主主義」といった単純なものではなく、香港においても親中派のキリスト教信者も少なからずおり、事実、現在の行政長官の林鄭月娥《りんていげつが》（キャリー・ラム）もカトリック信者だ。

したがって、香港のキリスト教も決して一枚岩ではないのだが、それでも民主派の重要人物の中に多くのキリスト教信者がいることは確かであり、香港市民愛国民主運動支援連合会主席を務めた司徒華《しとか》をはじめ、朱耀明、戴耀廷（ベニー・タイ）、黄之鋒《こうしほう》（ジョシュア・ウォン）の諸氏はプロテスタントの背景を持ち、「香港の民主の父」とも称される弁護士の李柱銘《りちゅうめい》（マーティン・リー）、リンゴ日報社長の黎智英《れいちえい》（ジミー・ライ）、周庭《しゅうてい》（アグネス・チョウ）の諸氏はカトリックの背景を持つ。こうした人々の民主化運動に対する信仰的動機付けの度合いは各自異なるが、殊に戴耀廷氏の場合、２０２０年７月に出版された自伝的著作『愛と平和――未完の抵抗の旅』（未邦訳）は「信仰告白の書」と言っても過言ではなく、同著の中で「キリスト者にとって、信仰と抵抗はコインの両面のようなものである。信仰は、不正義に抵抗するものでなければならない。また抵抗し続けることができるのは、その信仰のゆえに他ならない。抵抗なき信仰は自己中心であり、信仰なき抵抗は無力である」とまで述べている。

こうした香港の民主化運動とキリスト教の関わりは、日本であまり知られていないが、本書を通して、香港における民主化運動と信教の自由という課題、特にその中でのキリスト教の立ち位置や影響力、またキリスト教が直面する課題などを、日本の読者諸氏に少しでも知っていただければ幸いである。

祈りの約束

香港での在外研究を終えて帰国する直前、筆者は在籍していた崇基学院神学院の礼拝で説教と聖餐式を担当することになった。香港人の神学生が大半であるため、たどたどしいながらも広東語で説教をし、また中国大陸や台湾の神学生もいたため、聖餐式は北京語で司式をした。そして礼拝の最後に、「私は日本に帰ってしまえば、今晩のように皆さんと共に礼拝をすることはできなくなってしまうが、帰国後も皆さんのために祈り続ける」と「祈りの約束」をした。

２０１９年6月以降、香港の街が激変していく様子をネットや新聞を介して見続け、そして２０２０年6月末に香港国家安全維持法が可決・施行されたニュースを聞き、筆者は何もすることができない無力感に襲われながら日々を過ごしていたが、自分が香港で最後に語った「祈りの約束」を思い出していた。そして「今こそ、その約束を果たす時ではないか！」と奮い立ち、数か月をかけて本書に所収されている文書の翻訳に取り組んだ。一つ一つの言葉を心に刻みながらの翻訳作業そのものが、筆者にとっては祈りの歩みであった。

香港滞在中、筆者に対して「広東語を学んだり、香港のキリスト教などを研究したりしても、日本に帰るあなたには意味がないのではないか」という現地の友人たちもいた。また、長期間の在外研究の必要などあるのかと考える日本の友人もいたかもしれない。そして筆者自身、帰国後、「いったい何のために3年間も香港に行っていたのだろうか。あれは無駄な時間だったのだろうか」と自問自答することがしばしばあった。しかし、本書を編集・出版するに至って、まさに「この時のためにこそ」（旧約聖書・エステル記４・14）、あの3年間の香港滞在があったのだと、「神の摂理」を強く感じている。

本書の出版に尽力をしてくださった教文館の髙木誠一氏、また貴重な論稿を寄せてくださった倉田徹教授と朝岡勝牧師、推薦のことばを寄せてくださった平野克己牧師、そして翻訳・出版を快諾してくださった邢福増教授、袁天佑牧師、戴耀廷氏、朱耀明牧師、陳日君枢機卿に、心からの謝意を表したい。

お一人お一人名前を挙げることはできないが、かつて筆者の香港在外研究を応援してくれた家族・親戚、また財政的な支援も含め祈り支えてくださった多くの友人と同労の牧師仲間たちにも、この場を借りて心からの御礼を申し上げたい。こうした方々と、いつの日か、香港を共に訪れる日が来ることを願って止まない。

そして、香港滞在中、親しく交流してくださり、さまざまな面で支えてくださった数多くの香港の友人たちには、感謝しきれないほどの恩がある。本書の出版が、小さいながらも恩返しの一つになれば幸いである。また言葉や文化の違う街で労苦を共にしてくれた最愛の妻・友香には感謝の言葉しかない。声楽家である彼女の讃美歌の歌声が香港の教会に響き渡っていた時、香港の人々と心が一つになっていた光景を今でも思い起こす。

最後に。この「あとがき」執筆の数週間前、黄之鋒氏に13か月半、周庭氏に10か月、林朗彦（アイヴァン・ラム）氏に7か月の禁錮刑の判決が下されたというニュース（２０２０年12月2日）が飛び込んできた。周氏は初めての収監、林氏は2度目の収監となるが、黄氏は雨傘運動への参与に関してこれまでも有罪判決を受けて収監された経験があり、今回で4度目となる。

黄之鋒氏は、香港国家安全維持法が可決された２０２０年6月30日や黎智英氏と周庭氏が一時逮捕された同年8月10日に「主は羊飼い、わたしには何も欠けることがない。……死の陰の谷を行くときも、わたしは災いを恐れない。あなたがわたしと共にいてくださる」（旧約聖書・詩編23・1－4）とツイッターに投稿したり、今回の自身の収監直前にも「苦難は忍耐を、忍耐は練達を、練達は希望を生む」（新約聖書・ローマの信徒への手紙5・4－5）を引用してフェイスブックに投稿したりしており、キリスト教信仰が彼の大きな支えになっていることが窺い知れる。また彼の運動と信仰を背後から支えている家族の存在も重要であり、彼が２０１７年に収監される際の彼の母親の公開メッセージは、今回の収監に際して改めて読み返してみても、心を強く打たれる。

愛する息子よ、聖書の言葉をよく覚えておきなさい。「体は殺しても、魂を殺すことのできない者どもを恐れるな。むしろ、魂も体も地獄で滅ぼすことのできる方を恐れなさい」（新約聖書・マタイによる福音書10・28）。信念をしっかりと持ち続け、持っている価値観を大事にしなさい。「義に飢え渇く人々は、幸いである、その人たちは満たされる」（新約聖書・マタイによる福音書5・6）、「希望をもって喜び、苦難を耐え忍び、たゆまず祈りなさい」（新約聖書・ローマの信徒への手紙12・12）という聖書の教えに従い続け、活きた命の証しを立てなさい。試練を通して、あなたの命がより強くなり、人間性の美しさと神様の愛と正義とをよりよく現すことができるようになることを願っているわ。

あなたの名前はジョシュア（ヨシュア）、お父さんと私が（聖書からとって）あなたにつけた名前よ！　特にこの時、「ヨシュア記」の中で神様がヨシュアを励ました御言葉を忘れないように。どんなことにおいてもいつも自分をよく省み、真理に基づいて行動するならば、「強く雄々しく」（旧約聖書・ヨシュア記1・5－7）あることができるのよ。……あなたたちを愛している多くの家族・友人・香港人がいつもあなたたちを見守っているわ。

息子よ、あなたたちは決して孤独ではないのよ！　母より

本書を、自由のために戦っている香港の「ヨシュアたち」に捧げたい。

２０２０年12月30日　香港国家安全維持法成立から半年の日に

松谷曄介

《編訳者紹介》

松谷曄介（まつたに・ようすけ）

1980年、福島県生まれ。2003年、国際基督教大学教養学部卒業。2007年、東京神学大学大学院神学研究科修士課程修了。2012年、北九州市立大学大学院社会システム研究科博士課程修了。博士（学術）。2014–16年、日本学術振興会・海外特別研究員として香港中文大学・崇基神学院で在外研究。日本キリスト教団・八幡鉄町教会牧師、同教団・筑紫教会牧師、西南学院大学非常勤講師を経て、現在、金城学院大学宗教主事・准教授。

著書　『日本の中国占領統治と宗教政策――日中キリスト者の協力と抵抗』（明石書店、2020年）、『増補改訂版　はじめての中国キリスト教史』（共著、かんよう出版社、2021年）。

編訳書　王艾明著『王道――21世紀中国の教会と市民社会のための神学』（新教出版社、2012年）。

論文　「現代中国における新興家庭教会の公開化路線――北京守望教会の「山の上の町」教会論を中心に」（櫻井義秀編『中国・台湾・香港の現代宗教――政教関係と宗教政策』明石書店、2020年）、「名誉回復、未だ成らず――反革命罪のキリスト教伝道者・王明道」（愛知大学現代中国学会編『中国21』Vol.48、東方書店、2018年）など。

カバー写真

2019年6月9日、「逃亡犯条例」改正反対の抗議デモに参加するキリスト教（プロテスタント）の牧師たち（「時代論壇」より、撮影：楊軍）。

香港の民主化運動と信教の自由

2021年1月30日　初版発行

編訳者　松谷曄介

発行者　渡部　満

発行所　株式会社　教文館

〒104-0061　東京都中央区銀座4-5-1　電話03（3561）5549　FAX 03（5250）5107

URL　http://www.kyobunkwan.co.jp/publishing/

印刷所　モリモト印刷株式会社

配給元　日キ販　〒162-0814　東京都新宿区新小川町9-1

電話03（3260）5670　FAX 03（3260）5637

ISBN978-4-7642-7446-4　Printed in Japan

教文館の本

森島 豊

抵抗権と人権の思想史

欧米型と天皇型の攻防

A5判 480頁 3,000円

欧米と日本の人権理解の相違点はどこにあるのか? 日本国憲法第97条に謳われる「基本的人権」のルーツと受容の歴史を辿り、日本人が「人権思想」を理解できない問題点を浮き彫りにする。

森島 豊

人権思想とキリスト教

日本の教会の使命と課題

四六判 162頁 1,500円

日本において人権はどのように形成され、その法制史にキリスト教はどう影響したのか。キリスト教会の立場から「人権」の根幹を問い直す。中外日報社主催の「第11回涙骨賞」最優秀賞受賞論文を加筆・増補。キリスト教書では初選出。

小山晃佑　森泉弘次訳

水牛神学

アジアの文化のなかで福音の真理を問う

A5判 340頁 3,200円

アジア的伝統とキリスト教信仰は両立できるか？　東南アジアで宣教と神学教育に携わった著者が、その体験を踏まえながら、地域に根ざしたキリスト教のあり方を問うた挑戦的論考。最新版である「刊行25周年記念版」から翻訳。

小山晃佑　森泉弘次訳

富士山とシナイ山

偶像批判の試み

A5判 450頁 3,800円

神道・仏教・儒教などの影響を受けてきた日本文化の批判的考察を通して「神の名による戦争」の正当化を批判し、「世界の癒し」を目指すキリスト教の本質を説く。ユニークな宣教のアプローチで知られる世界的神学者の主著。

小山晃佑　森泉弘次訳

十字架につけられた精神

アジアに根ざすグローバル宣教論

四六判 218頁 3,100円

欧米と全く異なる文化と伝統をもつ地域において、福音はどのようにして伝えるべきか？　東南アジアで宣教活動と神学教育に携わった著者による、アジアの諸宗教の特質と自身の体験を踏まえた斬新な提唱！

小山晃佑　森泉弘次／加山久夫編訳

神学と暴力

非暴力的愛の神学をめざして

四六判 216頁 1,900円

なぜ人は神の名の下に暴力を振ってきたのか？　キリストの十字架の愛による徹底した「暴力放棄」の神学を提唱する表題作、賀川豊彦の辺境の神学について講じた「行って、同じようにしなさい！」など、7本の論文・講演を収録。

菊地榮三／菊地伸二著［オンデマンド版］

キリスト教史

A5判 576頁 5,800円

イエス・キリストの生涯と宣教、教会の誕生から、現代までを概観する、書き下ろしのキリスト教の通史。東方の諸教会およびアジア、中南米、アフリカそして日本のキリスト教の動向を交え、エキュメニカルな視点で叙述する。

上記価格は本体価格(税抜)です。